圖解

沈詩涵 著

本書目錄

本書目錄

第 **10** 章　社會工作督導

第 **11** 章　社會工作研究方法

本書目錄

參考書目

第 **1** 章
何謂社會工作

●●●●●●●●●●●●●●●●●●●●●●●● 章節體系架構 ▼

UNIT **1-1**
社會工作的定義

圖解社會工作

社會工作是一門以助人為目的的專業，對於人的本質與人性需求、人類福祉的觀念需與時俱進，且了解社會工作需因地而異。因此社會工作的專業內涵與定義必隨時間與地區有所差異，從社會工作演進的軌跡也可探知一二。

專業組織對於專業本身的界定，代表專業的當代共識，以社會工作專業組織為社會工作所賦予的定義為例，英國社會工作專業人員協會（The British Association of Social Workers, BASW）將社會工作人員定義為：

專業人員受雇於健康服務組織，例如國家健康服務（NHS）機構；或受雇於成人、兒童社會服務機構，在政府組織、志願服務或是私人部門從事專業服務。

在此，BASW對社會工作專業的說明著重於社會工作者的職業型態和工作場域。

而美國社會工作專業人員協會（The National association of social workers, NASW）對社會工作的定義則隨專業發展歷程有幾次的調整：

❶ 1956年NASW將社會工作視為：一種負責的、有意識的、有訓練的運用自我與個人、團體的關係，藉此催化個人與其環境的互動，並持續覺察兩者的交互影響。這種關係催化三種變遷：個人在社會環境內關係的改變、社會環境影響個人方面的改變，及個人與社會環境互動的改變。

當時NASW的專業發展宗旨在於界定專業價值與定位，因此針對社會工作劃定其工作的目的與關注的焦點，並聚焦於社會工作中所關注的「個人」與「社會環境」的關係。

❷ 1973年NASW進一步描繪社會工作為：協助個人、團體、社區，增強或恢復其社會功能的能量，以及創造有利於達成目標的社會條件的一種專業。

除了個案工作之外，亦是以團體與社區為工作對象，將工作方法和精神融入社會工作的專業之中，此時NASW的社會工作定義簡要地指出社會工作是一門旨在促進環境和個人間，互動與個別功能的「專業」。

❸ 1982年NASW的社會工作定義改變為：社會工作專業在於提供人性且有效的社會服務給個人、家庭、團體、社區與社會，藉此得以增強社會功能，和改善生活品質。

這一時期NASW試圖釐清與修訂社會工作的對象（個人、家庭、團體、社區與社會）、工作目的（增強社會功能、改善生活品質），及其專業特質（人性化的服務），給予社會工作者更清晰的專業輪廓。

簡言之，社會工作是一門助人的專業（helping work），與醫師、教師、心理師、護理師等同樣藉著專業學識與技巧，以助人為工作使命。而社會工作者的工作對象包含個人、家庭、團體、組織、社區／社群以及社會整體；社會工作者以其自我為媒介，運用人際互動的關係，增進服務對象的社會功能與福祉，提升其生活品質為目標，此外提供個別化、人性化的服務，並同時肩負促進社會變遷，與改善社會條件之責任。

社會工作者與服務對象

社會工作

目的

社會工作者

提供個別化、人性化的服務
增進社會功能、福祉
提升生活品質
促進社會變遷與改善社會條件

對象

| 個人 | 團體 | 家庭 | 社區／社群 | 社會 |

社工形象

社會工作者以溫暖、包容多元的態度，以及助人的專業，協助服務對象。

UNIT 1-2
社會工作與社會福利

經常與社會工作並提的名詞是社會福利。Barker（1999）於《社會工作辭典（*The Social Work Dictionary*）》定義社會福利（social welfare）為：

一種國家方案、給付與服務體系，協助人民滿足社會、經濟、教育與健康的需求，是維持社會的基礎。

因此社會福利的內涵應有「國家的」、「方案、給付與服務」、「滿足需求」以及「維持社會的基礎」四個基本元素。

由此可知，社會福利應是公共資源的一環，處理的是公眾與社會全體的議題，社會福利所涉及的範疇非個人獨特性的特定問題（儘管公眾議題中必定有獨特的差異存在），並且應運用公共資源解決公共議題。

而公共資源所指的包含政府部門的資源（所謂稅收或公務預算）、社會團體資源、企業資源及志願部門的資源，不限定於政府組織的來源，公共的意涵是以「社會資源」為核心。政府以公眾利益的角度制定分配社會資源的政策，所規劃的問題解決策略（通常是以社會政策或服務方案的形式呈現）中應考量公部門與民間社會既有的資源。

此外，社會福利必定是一套可落實的政策、方案，其形式可能是實質服務（in kind）、現金給付（in cash）或是其他體制上的設計，例如教育制度、稅賦制度、勞動條件、醫療照護體系等。而這些社會服務或制度的目標，在於維持並滿足生活在這個國家、社會中的人民基本的與社會性的需求。

因此社會福利需考量的不只是「維生」的層面，尚須謹慎思考「相對比較」帶來的社會不平等與衝突，避免因脫離社會平均水準的生活圈，而造成社會排除（social exclusion）與引發的後續問題，社會福利是站在「預防」與「補救」雙邊的防護網，讓一個社會裡的每一位成員接受制度化的支持，而脆弱的成員則因為制度化的防護措施，不至於陷入更大的個人危機，以此預防公眾性危機議題的發生。此乃維持社會平衡與功能的關鍵要素。

綜合上述，社會福利的範疇其實可以很廣泛，舉凡個人從年幼到年老所需的托育、教育、醫療、照顧等制度，以及日常生活的所得維持、就業安全等面向，都是廣義社會福利的一部分。而其中涉及弱勢者的福利服務，則通常由社會工作者作為媒介。社會工作可謂是社會福利的一環，在社會福利的服務輸送上扮演評估者或提供者的角色，這是社會工作者在體制內的角色；但社會工作者的任務與角色並非侷限於社會福利體系內，社會工作者尚且負擔在體制外尋求改革與變遷的責任。

社會工作與社會福利

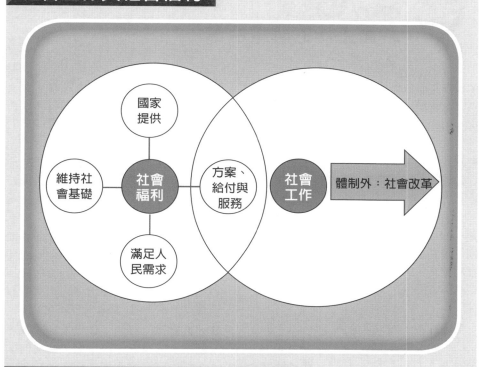

社會工作作為社會福利的一環

UNIT **1-3**
社會工作的專業目標

社會工作既然作爲一門助人的專業，服務對象必然對社會工作者所能展現的角色抱有期待，專業工作者也應對自身專業所能發揮的功能有所了解。而社會工作的目的爲何？這門專業被賦予的社會責任又是什麼？什麼樣的需求屬於社會工作的服務範疇？

Bartlett（1958）藉著三個專業目的界定社會工作：❶協助個人與團體認定、解決或極小化個人與環境失衡的問題；❷認定個人或團體與環境失衡的潛在範疇，預防失衡的發生；❸尋求、認定與強化個人、團體與社區的極大潛能。

美國社會工作教育協會（Council on Social Work Education, CSWE）1959年則將社會工作的功能定義爲：❶重建受創的功能。❷提供個人及社會資源。❸預防社會功能失調。

晚進則是1982年，美國社會工作專業人員協會（NASW）彙整訂定社會工作的四個專業目標：

❶ 強化個人解決問題的能力，使其有效抗衡並發展能量，以正常生活。

❷ 連結個人所需要的環境資源。

❸ 促進環境體系有效運作，以提供資源及服務。

❹ 發展社會政策，促進社會正義。

綜合上述專業目標的定義，社會工作的專業目標應包含「問題解決」、「資源連結」、「預防失衡」及「促進變遷」。此四項專業目標含有的重要意義：

❶ 問題解決：社會工作是「務實」的專業，關注的問題包含個人目前的

問題、個人與環境失衡的問題、環境不利於個人發展的問題等，並且應以解決及抗衡當下的困境，或將問題極小化、轉化爲個人發展助力等爲首要目標。

❷ 資源連結：社會工作是注重「社會環境」的專業，因此發掘個人擁有的環境資源，並開發潛在的機會是專業介入的焦點。

❸ 預防失衡：社會工作是強調「功能」的專業，重建個人受損的能力、尋求環境能對個人的發展發揮正向因子、個人與環境相輔相成以建立防禦機制，防範未來的危機。

❹ 促進變遷：社會工作是兼顧「社會制度」的專業，因爲個人面對的問題都是在社會制度中產生，或是必須與社會制度互動，因此社會工作者需肩負評估與規劃社會變遷的責任，藉此推動社會改革、制訂社會政策。

同時，這四項專業目標之間必須相輔相成，危機的解決與運用個人資源及社會資源需相互配合，進一步尚可透過個人的復原建立預防失衡的社會功能，並藉著促進社會變遷與制訂社會政策改善社會環境，減少個人危機的產生。

社會工作的專業目標

促進變遷
❶兼顧「社會制度」的專業。
❷制訂社會政策。
❸推動社會改革。

問題解決
❶「務實」的專業。
❷個人與環境的問題。
❸解決及抗衡當下的問題。

預防失衡
❶強調「功能」的專業。
❷重建個人受損的功能。
❸尋求環境正向因子。
❹建立防範未然的機制。

資源連結
❶重視「社會環境」的專業。
❷個人與環境的資源。
❸開發潛在機會。

媒介角色

社會工作為個人與社會的媒介。社會工作者的終極目標是協助個人融入社會，減緩社會排除，開啟個人與社會之間的門。

UNIT 1-4
社會工作（者）的特質

圖解社會工作

社會工作對於個人與社會問題抱持的基本假設及價值觀：

❶ 尊重個別差異及個人的獨立判斷

對社會工作者而言，最重要的即是對於人與多元社會現況的接納與包容，接納眞實的個人面貌、社會現象，以理性、全面的理解爲基礎，避免過於主觀或因資訊偏頗造成的批評。因此社會工作專業及社會工作者對於個人的差異性及其獨立判斷能力，應給予足夠的尊重。

❷ 維護人性的尊嚴

儘管社會工作是一門務實的專業，但對於問題的解決不僅僅著眼於生理、經濟需求等實際的層面，社會工作者對於人因尊嚴與自我價值產生的心理與情緒需求同樣重視，並應具備能力分析、預測心理及情緒層面失衡、無法滿足所致的後果及衍生的後續效應。在提供服務時維護個人的尊嚴是其中重要考量之一。以脫貧方案爲例，資產的累積可能是介入目標之一，但爲提升第二代的自我價值與社會化，免除貧窮文化，教育資源的投入勢不可免。

❸ 強調個人各方面發展的完整性

人的需求是多元且多層次的，因此社會工作者的專業判斷能力需包含考量因應個人所處生命階段、現有的生心理、社會狀態及與其環境的互動等因素所產生的發展需求，藉此評估個人與環境資源條件的充足或匱乏。

❹ 重視家庭與個人的關係及影響

在人類的社會中，家庭仍是個人發展的起源，關係著個人身心的健全與社會整體的組成，因此社會工作者不會將個人獨立於家庭外看待，個人的問題即是家庭問題的縮影，家庭的問題則是社會問題的徵兆。

❺ 開發並促進個人及環境的潛在優勢，相信個人與其環境具有能力因應困境

社會工作者對於個人與環境的應變能力應抱持著正向的觀點，藉此發掘環境中的有利因子，激發並加以運用以促進個人的適應力，提升環境和個人之間的協調。

❻ 強調專業，以專業解決問題，並重視專業技能與專業界線

社會工作以人爲服務對象、以社會工作者爲工作媒介，因此作爲介入工具的專業關係非同一般慣常的人際關係，而是有目的、有規劃的發展社會工作者與服務對象的互動關係，運用專業技巧於其中，維持專業的界線以確保服務的品質。

❼ 以科學的方法分析個人與社會問題

社會工作對於問題的分析觀點需依靠「經驗」及「科學」兩種工具。經驗提供足夠、多樣的資料群體；再透過科學的驗證方式，歸納與推論問題產生的過程，從中推演因應及解決之道。因此社會工作的實務經驗與知識系統間應具有相輔相成的關係。

❽ 立基於社會體制上進行改革

社會工作除應從事社會服務外，也應推動社會運動、促進社會改革；社會工作者是社會體制內外的橋梁，既應體會體制內的困境，也不可遺忘體制外的觀點。社會工作者都應對社會現況帶著「不滿」但懷抱「希望」。不滿使社會工作者產生改變的動力，懷抱希望才有能力尋求建設性的解決途徑。

社會工作者的特質

尊重個別差異及個人的獨立判斷

維護人性的尊嚴

強調個人各方面發展的完整性

重視家庭與個人的關係及影響⇒個人問題是家庭問題的縮影，家庭的問題則是社會問題的徵兆。

社會工作者

開發並促進個人及環境的潛在優勢

「我是Pro級的」

強調專業，以專業的關係解決問題，並重視專業技能與專業界線

以科學的方法分析個人與社會問題

立基於社會體制上進行改革

UNIT **1-5** 社會工作的知識基礎

社會工作處理人與社會的議題，因此涉獵的基礎知識需涵蓋人類行為與社會脈絡兩方面，社會脈絡部分即是社會科學的範疇；而人類行為可從微視的心理學到巨視的社會學等。另外，社會工作是務實、實用的學門，在社會工作學生學習的基礎知識中，實務操作的知能當然不可或缺。

而在社會科學與人文科學、人類行為及社會環境、實務理論等三類基礎知識之外，社會工作者與兒童及少年、老人、身心障礙、受歧視者、遊民、貧民、弱勢家庭等多種對象共事，服務人群相關的知識亦是必備基本功，與上述三種知識並列為社會工作者必須具備的四類基礎知識：

❶ 社會科學與人文科學等基礎知識

泛指社會科學中的社會學、經濟學、政治學、法律知識、組織管理，及人文科學範疇的心理學、歷史、哲學、文化人類學、教育等。建立一般性問題洞察與分析的基礎知識。

❷ 人類行為及社會環境相關知識

認知行為、情緒及心理機制、人格發展／發展心理學、精神醫療、互動與關係相關理論、家庭動力、團體動力、社會組織、社會制度等。因社會工作以人為對象，需從個人層面了解人的行為與反應，也要從制度層面觀察社會制度的運作如何影響人和社群的發展。

❸ 實務理論

具備基本知識背景與人類行為社會環境知識後，社會工作者即應學習專業範疇內的知識，包含社會工作各類方法的個案、團體、組織、社區、福利服務、政策及研究，及關於實務方法的介入程序、介入方案、工作技巧、成效分析等。藉此儲備專業技能，並於專業工作中具備自我評估的能力。

❹ 服務人口群相關知識

社會工作的服務對象包含兒童、青少年、婦女、老人、身心障礙者、罕見疾病患者、精神疾病患者、少數族群、貧窮人口、勞工，實施的領域則泛及家庭、社區、學校、工會、企業、醫療院所、政府組織、民間團體、志願服務組織、司法體系、社會運動團體等。關於不同服務對象所面臨的困難、產生的需求，與其人口群的特質、提供服務與照顧的方式，是立基於社會工作實施理論之後，社會工作者應鑽研的進階知識。

社會群體的組成和特性則會隨著環境與社會結構變遷持續不斷地改變，正因如此社會工作者的專業學習是一條無止盡的路途，無論專業技巧、社會現況與服務對象的資訊，都需與時俱進，尚可提供適切的服務內涵。

上述每一類裡又包含多種的學科、知識類別，這些知識也可能與時俱進，因此社會工作者在其職涯中，學習新知與更新資訊是必須培養的重要能力。

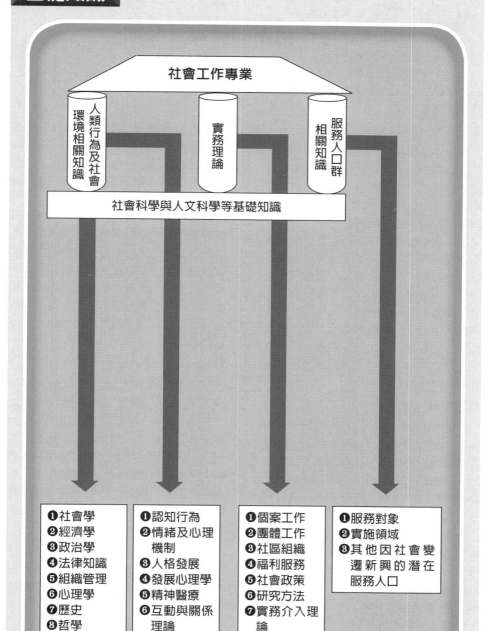

UNIT 1-6
與社會工作相關的專業／學門

圖解社會工作

社會工作是助人的專業，因此與其相關的即是一切以助人為目的、服務對象為人的專業：

❶ 社會學（Sociology）

社會工作與社會學同為社會科學的一員，共同關心人類行為與社會環境。社會學的目的在於精確指出社會問題，透徹研究人際互動、集體行為，並建立理論模式、預測發展趨勢。而社會工作並非單純的應用社會學，應用社會學所指的應是人口政策、家庭計畫、犯罪防治、貧窮研究等；社會工作與應用社會學的差異在於不只專注問題的發覺與探究，更重視問題的解決，且從個人與社會整體兩個切入點擬定解決方案。因此相較於社會學發展出較多理論、研究策略，社會工作的基礎知識尚且包括實務技巧、介入方針等。

❷ 心理學（Psychology）

心理學是研究人類心智（mind）的科學，試圖研究、解釋與了解個人行為及其背後心理機制，進而研擬改變的策略。心理學針對人類行為內在機制建立精準的測量與紀錄，用來預測行為的模式，關注的是個人行為的發展；而社會工作者一樣關注個人的行為，但焦點在於個人與環境之間的互動。臨床上、實務上，心理學家經常以心理師或是治療師的專業身分與社會工作者共事，兩者皆直接參與助人過程，但在專業分工上，社會工作者可針對立即與複雜的危機與社會資源的缺乏提供解決方案，使個人得以維持基本需求，再由心理師、治療師進行進階、高密度、個人化的服務。

❸ 精神醫療（Psychiatry）

精神醫療以科學、藥物的方式提供治療，強調個人內在動力，探究潛意識及動機；精神醫療在獨立的環境中（醫院、病房）處理疾病的症狀，並投以藥物，或是透過患者返回社區後密集的回診，以掌握疾病的發展。而社會工作運用專業關係及社會資源處理個人困擾與情緒障礙，重視個人與社區／環境不可脫節的互動，連結環境與社區資源，改善有意識的行為，並提升精神病患者的社會適應能力以協助其疾病的復原；同時，社會工作者在與精神疾病患者工作時，也將其家屬視為服務的對象，家庭對於精神疾病患者復原的影響也在工作目標之中。

❹ 輔導（Counseling）

諮商師、輔導教師通常具備心理學背景，運用心理學知識，為服務對象（學生、夫妻、伴侶、失業者、受暴者等）的目標問題，提供短期、焦點式的服務，例如生涯規劃、職業選擇、婚姻衝突解決、情緒障礙排除等；社工人員與服務對象的關係可能較長遠，並考慮多元問題、結合社區及環境資源，擬定服務方案。

社會工作與上述專業間存在的共通性包含：❶共享知識基礎；❷互相採用實務經驗與理論。其差異性則在於：❶關注焦點的不同；❷服務媒介和目標不同；❸創造的價值與功能不同。

社會工作與相關專業的特點與共通處

共通處

助人專業：基礎知識、實務經驗

社會工作者：
除了發覺與探究問題，更重視問題的解決。

社會學家：
精確指出社會問題，專注於問題的發覺與探究。

社會工作者：
❶關注焦點為個人與環境的互動。
❷針對立即與複雜的問題，提供解決方案。

心理學家：
❶關注個人行為的發展。
❷進行進階、高密度、個人化的服務。

社會工作者：
❶運用專業關係與社會資源處理問題。
❷重視個人與社區／環境的互動。

精神科醫師：
❶提供科學、藥物治療。
❷在獨立的環境（醫院、病房）中處理疾病症狀。

社會工作者：
與服務對象關係可能較長遠，考慮的面向較多元。

諮商師、輔導教師：
替服務對象的目標問題提供短期、焦點式的服務。

UNIT 1-7
社會工作者的角色

圖解社會工作

社會工作者因其專業目標與價值，以及面對不同的服務情境、服務對象，肩負的專業角色也相當多元：

❶ 使能者（enabler）

首先，社會工作重視與服務對象的夥伴關係（partnership），因此服務並非替代個人解決問題，而是支持並激發個人的問題解決能力，並協助其建立後續因應的潛能。

❷ 中介者（broker）

媒合（matching）是社會工作者的工作責任之一，媒合個人與資源、個人與社會環境，也媒合個人與其適配的體系、社會位置。社會工作者在這之中扮演中介的角色，既應深度了解個人的特質與需求，也需明確掌握資源、環境的功能，引導個人使用適合的服務。

❸ 倡導者（advocate）

社會工作者也必須在社會中扮演倡導者的角色，為服務對象的權益發言與辯護。社會工作的服務對象經常是相對弱勢的群體，缺乏聲音（voice）與出口（exit）表達自身的需求，因此社會工作者藉著對他們的理解，創造、引發社會議題，讓社會大眾了解弱勢群體，與澄清負面、偏頗的觀點，改變社會處境。

❹ 調解者（mediator）

社會工作者經常在衝突的事件、情境中，協助衝突的各方提出訴求、澄清期待，釐清事件的本質與原本應該依循的原則，以尋求可接受、可實行的緩衝方案。

❺ 協商者（negotiator）

社會工作者在服務過程中需抱持中立、理性客觀的立場，方可在面臨利益與期待衝突或不一致時，扮演協商的角色，協助訂定共識。例如在家庭糾紛、勞資衝突中，社工協助各方列出差異的期待與改變條件，並做為各方橋梁，提出可滿足各方部分訴求的共識。

❻ 教育者（educator）

社會工作者應作為服務對象、社會整體的教育者，在此的教育並非將專業知識灌輸給服務對象，而是將社會工作的專業觀點、價值、與洞察的社會議題，轉達給服務對象與社會大眾，因此社會工作可謂是「說服（persuading）」的工作，將專業的理念、觀點，透過大眾化、日常化的表達方式傳達給服務群體，使其理解服務的本質與目標，進而達成服務目的。

❼ 先鋒者（initiator）

或稱「發動者」，社會工作者必須經常接觸社會弱勢、處理社會問題，且需具備足夠的敏感度，率先發覺社會趨勢的發展，以建立因應策略。

❽ 充權者（empowerer）

藉由充權建立服務對象自身的能力，進而促進社會發展的平衡，以推動社會正義。

❾ 協調者（coordinator）

社會工作者同時必須在不同的社會資源、組織部門之間扮演協調角色，在此著重於資源管理的責任，以適當分配、分工，並且避免各部門、組織間的空隙，損及服務對象權益；或是因資源重疊造成的不經濟、浪費。

❿ 社會改革者（social reformer）

社會工作者因關注社會整體制度層面，不可免除也肩負改革的義務，以資源或是權力重分配為目標，為特定群體爭取更有益的生存空間。

⓫ 研究者（researcher）

社會工作屬社會科學的一員，因此注重理性的觀點與科學的分析是社會工作者責無旁貸的要務，規律並系統化地整理實務經驗，建立工作依據和模式，以免繁雜的實務工作流於形式或慣例。

社會工作者的角色

使能者：激發並支持個人問題解決的能力。

仲介者：媒合個人與資源、社會環境和社會體系。

倡導者：為服務對象發言與辯護。

調解者：在衝突事件中協調各方的期待。

協商者：協助擬定相關人士的共識。

教育者：教育服務對象、社會大眾。

先鋒者／發動者：敏感於社會問題並建立策略。

充權者：協助建立服務對象的能力。

協調者：資源管理的角色。

改革者：改造社會體制、推動資源重分配。

研究者：理性、客觀研究社會問題的態度。

社會工作者

社會工作者的多重角色

社會工作者在複雜多變的社會情境及網絡中，需要扮演多種不同的專業角色（教育者、客觀協調者、激進改革者與研究者等）。

第 2 章
社會工作的演進與專業發展

章節體系架構 ▼

UNIT 2-1
社會工作的緣起與慈善事業

圖解社會工作

　　社會工作專業的發展與社會福利的時代背景高度相關，社會福利的前身即是自古以來即有的慈善事業，或是志願服務。有人類社會的地方就存在著分配不均與貧窮的問題，因此慈善與志願服務的用意，均在於協助落入貧困與社會弱勢之中的人們與家庭。

（一）城市慈善（urban charity）與濟貧

　　在西方社會，慈善事業與宗教、教會組織關係密切。遠自西元前1200年的《舊約‧聖經》中即闡述以色列人被上帝告知應幫助患難的同胞；西元前500年，希臘的博愛慈善觀（philanthropy）則在城邦國家裡將濟貧的行為制度化。到了中世紀的西方，基督宗教的精神是國家與社會所遵循的信念，教會的救濟院（asylum）收容無家可歸者；西元1100年的羅馬教會頒布的教令（Decretum），強調富人救濟窮人的義務等，都對於慈善工作有諸多的探討。

　　進入19世紀的西方國家，因工業革命帶來經濟與社會結構的變遷，如同狄更斯（Charles Dickens）的名著《孤雛淚（Oliver Twist）》所描述，生產方式的改變，加劇資本階級與勞工階級的貧富差距，失業、貧窮、住宅擁擠、公共衛生等問題因應而生。中產階級於是組成慈善組織，帶著救濟物資與基督宗教的節約、勤奮信念，進入貧民的生活中。

　　然而從馬克斯（Max Weber）的論點看待這個時代的城市慈善事業，則是中產階級以濟貧作為社會控制的手段，透過組織的運作形成濟貧制度，掌握慈善資源並藉著道德標準區分貧民的價值。而這些慈善活動正是1869年慈善組織會社（Charity Organization Society, COS）的緣起。

（二）中國的濟貧歷史

　　在中國的社會中，儘管西元前300年的《禮運大同篇》就提到：「人不獨親其親、不獨子其子……」，但宗教濟貧的活動向來不如西方社會盛行，原因其一是農業社會的生活以家族為單位，注重親族間互助扶持的家族主義，個人生老病死的基本需求皆能從家族中獲得滿足；其次，則是傳統中國社會的濟貧是以災難救濟為主，發起於水旱災、農業收成不佳的時期，救助集體陷入困頓的人民。

　　中國傳統救濟行動最早於南北朝及唐代由官方發動，以官方為主體，僧侶與佛寺輔助。時至明末清初，地方仕紳、官府等有代表性的人士開始組成民間慈善組織，以文人關懷天下事的胸懷從事鄰里救濟工作，目的不僅僅在於救助貧民，也附帶著講經、講道，並且以救助孝子、守節之婦等道德高尚者為優先。這個時期的民間濟貧工作象徵兩個意義：其一是補充官方濟貧的不足，以救濟次貧者為主；其二則是道德化的濟貧事業，亦為社會控制的手段。

社會工作前身

慈善會社組織（COS）
1 1869年倫敦。
2 慈善團體、組織的結合。

工業革命
1 貧富差距與新興城市問題。
2 中產階級的城市慈善活動。
3 以城市慈善事業為社會控制和
　資源管控手段。

宗教組織的教化
1 B.C. 1200年舊約聖經。
2 B.C. 500年城邦國家制度化濟貧。
3 中世紀以後，基督宗教的精神。

中國濟貧歷史

民間仕紳的救助行動
1 明末清初。
2 救濟次貧者為主。
3 補充官方救濟的不足。

傳統官方救濟行動
1 起源於南北朝及唐代。
2 僧侶、佛寺輔助。

家族主義
1 親族間相互扶持。
2 以災難救濟為主。

由官府、僧侶發起

UNIT 2-2
慈善組織會社與科學慈善

圖解社會工作

（一）慈善組織會社的緣起

前述工業革命後，西方社會開始組成慈善組織辦理城市慈善事業，慈善工作者一批批進入貧民住宅區，慈善組織亦一個個成立，資源是否重疊與浪費逐漸成為關注和批評的焦點。

於是1869年慈善組織會社（Charity Organization Society, COS）在倫敦成立，這是一個結合公立、私立慈善組織與機構的協調委員會，目的在於整合與分配慈善資源。慈善組織會社成立的宗旨與精神是接受英國Thomas Chalmers的主張，將慈善救濟的目的視為「同化一個城鎮到一個國家教區」，慈善組織會社（COS）由一批中上階級社會的女士組成友善訪問者（friendly visitors），這個組織對於慈善事業的運作方式與假設有下列主張：

❶ 貧窮的原因可歸於個人或家庭，因此友善訪問者的責任在於區分值得與不值得幫助的貧民，並應該成為受助者的道德模範。

❷ 濟貧的資源可從個人本身、親族、鄰里、富人等四種來源獲得。因此濟貧應是民間化、私人化的，不應從國家公眾資源支出。

❸ 脫貧的方式並非純粹給予救濟，應教導貧民節儉、勤奮與自助的精神，督促其工作以賺取生活所需，並且協助貧民尋找周遭的社會資源。而金錢的援助則是最後的手段，且是最不得已的方式。

❹ 慈善組織會社是由私人的慈善組織聯合成立，目的是在於共同管理社會服務方案。

（二）慈善組織會社作為科學慈善的里程意義

慈善組織會社在社會工作與社會福利的發展上扮演重要的里程碑：

❶ 這代表著科學慈善（scientific charity）的起源，慈善與志願工作者開始用科學的方式分析貧窮的起因，主張應以調查的方式建立起貧民的資料，了解其致貧的因素，並藉此作為分配慈善資源的依據。

❷ 慈善組織會社的工作方式也是社會工作中社區組織與個案工作的前身，以建立網絡的方式解決貧窮問題是組織社區工作方式的雛形；透過友善訪問者定期訪視受救濟者的家庭，輔導貧民朝向道德、有經濟生產力的生活則是個案工作的起源。

而這樣的工作方式至1877年傳至美國水牛城（Buffalo），英國教士Gurteen將其帶到美國，期待藉由慈善組織會社的工作方法改善水牛城混亂且毫無章法的濟貧工作。而美國中西部也在短短數十年間，成立近百個慈善組織會社組織，有效地在美國慈善事業達成三項目標：❶終結慈善資源的濫用、❷將貧民區分為「值得」與「不值得」幫助，以正確分配慈善資源，並且❸動員及組織民間私人的助人力量。

慈善組織會社

COS基本精神

UNIT 2-3
睦鄰運動與湯恩比館

（一）睦鄰運動（Settlement House Movement）

與慈善組織會社（COS）成立大約同時，英國巴涅特（Barlett）教士在其倫敦的教區亦進行著組織慈善人力及志願工作者招募的事業，他到牛津與劍橋大學邀請大學生參與社區濟貧工作，並進入東倫敦貧民住宅區，住在教堂改建成的鄰里中心，藉著與貧民共同生活來規劃社區居民工作的方式。這群志願工作者的任務是對貧民進行教化、救濟的慈善工作。1883年，其中一位積極奉獻者湯恩比（Toynbee）不幸英年早逝，為了紀念他對救濟工作的付出，1884年設立湯恩比館（Toynbee Hall），此為睦鄰運動（Settlement House Movement）的起始。

睦鄰運動與慈善組織會社對於慈善事業的作法和假設有所不同：

❶ 不同於慈善組織會社對貧窮的個人歸因，睦鄰運動認為社會適應不良是造成貧窮與家庭不健全的主因，個人與家庭的功能原應是健全的。因此睦鄰運動工作的標的不在改變個人，而是將焦點放在社會環境。

❷ 貧民可以透過教育、文化與資訊的提供，與其他階級間相互了解，進而獲得生活習慣與態度上的改善；並且與鄰里、社群間組成結盟，以合作的方式從事改革。

❸ 中產階級、知識分子對於濟貧工作應負擔社區覺醒、社會政策倡導與辯護的責任，不只輸入物質供給，也應該傳遞知識、文化與意識型態。

睦鄰運動的組成分子與COS不同，並非中上階級志願服務者，而是年輕的知識分子，因此睦鄰運動的服務重視人性化與社會改革的理想。

由此，湯恩比館將慈善事業的觸角延伸至社會改革，它關注的議題是工業化、都市化以後，個人與家庭面對社會結構改變所帶來的惡劣生活環境，產生功能失調，因此睦鄰運動的貧窮歸因為環境因素所致。

（二）睦鄰運動對於社會工作的影響

❶ 睦鄰運動運用社區內的團體與社區組織改善居民素質，引發社區整體生活情境的改變。因此大量運動團體共識、集體行動等團體工作與社區組織等工作方法興起，可謂是團體工作與社區工作的前驅。

❷ 睦鄰運動在社區內部改革之外，也向外部進行宣導，持著與貧民同住所獲得的研究資料作政策辯護的基礎，促進立法的產生。

於是團體工作、社會運動與政策立法的工作方法隨之逐漸成形。

而這種工作方式則是在1887年傳入美國，為美國社會福利工作注入新成分，用於美國境內大批因與社會環境無法融合而陷入困境的移民家庭。在美國推動睦鄰運動最負盛名的便是建立芝加哥霍爾館（Hull House）的珍·雅當斯（Jane Addams）。

睦鄰運動

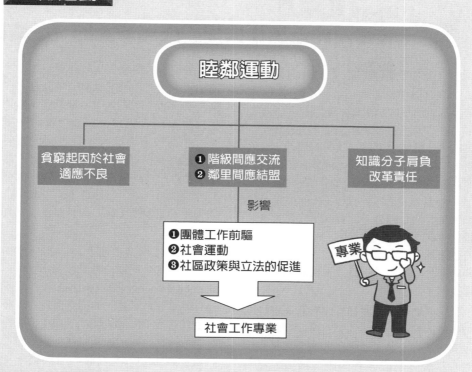

睦鄰運動

- 貧窮起因於社會適應不良
- ❶ 階級間應交流
  ❷ 鄰里間應結盟
- 知識分子肩負改革責任

影響

❶ 團體工作前驅
❷ 社會運動
❸ 社區政策與立法的促進

專業

社會工作專業

差異比較

	慈善組織會社	睦鄰運動
組成成員	中上階級友善訪問者	年輕學生、知識分子
貧窮歸因	個人或家庭道德的喪失	個人與環境間的失調
特色	以科學的方法組織慈善資源，並歸納貧窮因素	❶ 與貧民共同生活以了解貧窮的本質 ❷ 服務重視人性化與社會改革
工作方法	社區組織、個案工作	團體工作、社區工作、社會運動與社會政策
濟貧目標	社會控制的手段	社會改革的途徑；且與鄰里、社群以合作方式進行改革

第2章 社會工作的演進與專業發展

UNIT **2-4**
雅當斯的芝加哥霍爾館與瑞奇孟的《社會診斷》

圖解社會工作

（一）珍・雅當斯（Jane Addams）

雅當斯出生於1861年的伊利諾州（Illinois），生長於美國內戰、西班牙美國戰爭及第一次世界大戰的美國社會，戰爭與國家產業結構的轉變讓當時的美國社會存在很大的階級落差，而雅當斯出身於富裕的家庭，是少數可以接受高等教育的知識分子。1880年代雅當斯遊歷歐洲，參訪了倫敦的湯恩比館，遂將這種社區式的貧民服務帶到芝加哥，1889年設立當時被視為「殖民之家」的霍爾館。

雅當斯的霍爾館在社區中服務經濟能力不佳的移民勞工——來自貧民窟中的歐洲移民，而與她一起工作的多半是和她一樣受過良好教育的中產階級。霍爾館提供這些移民社會服務與教育機會，也給中產階級的知識分子深入了解服務工作的平臺。因此以霍爾館的社區服務為基礎，雅當斯後來參與並推動許多社會運動與倡導社會政策，諸如兒童福利與童工剝削議題、「進步運動（Progressive Movement）」、婦女投票權運動（雅當斯時任全國婦女選舉協會National American Woman Suffrage Association副主席）及有色人種人權促進運動（為全國有色人種促進會NAACP：National Association for the Advancement of Colored People創辦會員之一）。作為社會工作的先驅，雅當斯將社會工作從社區組織的層面帶往更鉅視的政策與倡導途徑。

（二）瑪麗・瑞奇孟（Mary Richmond）

瑪麗・瑞奇孟（1861-1928）也生於美國伊利諾州戰亂的時代，不同的是她生長於艱困的環境，三歲時雙親即死於肺結核，瑞奇孟由祖母與阿姨撫養，在條件不佳的生活環境中，只得靠自修勉強學習。1878年瑞奇孟從巴爾的摩東區女子高校畢業後，來到紐約投靠阿姨，至1880年返回巴爾的摩為止，都從事著行政、助理或庶務的工作，過著刻苦簡約的生活，但瑞奇孟仍不放棄自我學習，並涉獵文藝、音樂與戲劇充實生活。

1889年，瑞奇孟進入1881年成立的巴爾的摩慈善組織會社（Charity Organization Society of Baltimore）工作，深受其組織宗旨影響，並運用自身會計專長來健全組織財務狀況，1891年即擔任執行祕書一職，協助將慈善組織會社的精神與工作方式推廣到全美更多地區。1899年瑞奇孟出版《對貧困者的親善訪問（*Friendly Visiting among the Poor*）》，發表她在慈善組織會社的工作經驗與觀點，成為推動社會工作眾所皆知的領導人物。

1900年代初期，睦鄰運動是當代社會工作方法的特色，社會改革成為時代趨勢，著重個案工作的慈善組織會社面臨轉型與反思的必要。瑞奇孟稱這個時期為「重新思考自我」的契機，1905年發表《零售法的改革（*The Retail Method Reform*）》將社會改革分為「零售」與「批發（wholesale）」，試圖區分兩者的關係和零售法的重要性——闡述個案工作仍是社會改革的原動力。而後瑞奇孟在慈善組織之間致力推廣社會工作方法，將「社會調查」視為社會工作入門技術，並協助規劃社會工作專業教育。1917年瑞奇孟出版《社會診斷》一書，是個案社會工作者的指引，也是社會工作專業的里程指標。

珍‧雅當斯與瑪麗‧瑞奇孟

珍‧雅當斯

❶1861年生於伊利諾州
❷出身富裕家庭
❸1880年受倫敦湯恩比館影響

❶1889年於芝加哥建立霍爾館
❷服務經濟能力不佳的移民勞工
❸工作夥伴多為中產階段

❶運用社區組織方法
❷主張社會改革途徑

瑪麗‧瑞奇孟

❶1861年出生於伊利諾州
❷3歲失親由阿姨扶養
❸1889年進入巴爾的摩慈善組織會社

❶將慈善組織會社推廣至全美
❷推廣與規劃社會工作教育

❶主張以社會調查的方式進行個案的工作方法
❷1917年出版《社會診斷》，是個案社會工作者的指引，也是社會工作專業的里程指標。

UNIT 2-5
專業化的論點

圖解社會工作

　　何謂專業？成熟的專業應具備哪些條件？評論專業的論點也影響社會工作從慈善事業走向專業化的途徑。

　　1915年Flexner在巴爾的摩慈善與矯治聯盟年會會議上發表〈社會工作是一門專業嗎？（*Is Social Work a Profession?*）〉，主張專業應具備六項條件：

❶ 運用於專業工作者職責上的知識。

❷ 知識素材來自於科學與學習。

❸ 從知識素材中發展出實用、清晰的目標。

❹ 擁有可教育、傳承的溝通技術。

❺ 發展專業組織。

❻ 專業動機具有利他（altruistic）特質。

　　Flexner的觀點站在社會工作具有利他的專業目標上，讚揚社會工作確實邁向成為一門專業的途徑。

　　然而至1955年，Carr-Saunders將專業區分為四類：

❶ 已建制的專業（established profession）

　　已廣被社會認可，並具備許多以研究為基礎發展的專業理論、專業知識，專業人員之間對於專業行為具有深厚的共識。例如醫療、法律等有久遠的專業發展史，這些專業的技術具有足夠的獨占性，通常也有較穩固的專業權威。

❷ 新專業（new profession）

　　以基礎研究和其落實於操作情境中的經驗所為基石而形成的專業，社會科學多屬於此類的專業，著重研究本身建構的專業知識，及其運用至實際場域的專業技巧。

❸ 半專業（semi-profession）

　　著重技術發展的專業，專業發展的核心在於將可操作、實施的技術轉化為知識，藉由這些知識推進技術的演進，因此較不重視推演理論的研究，例如護理、藥劑師，以及社會工作（這與社會工作從慈善運動與志願服務而來、重實務、輕研究，且與相鄰專業共享許多專業技巧的發展特性相關）。

❹ 自許為專業（would-be profession）

　　近代發展出因實務需要，自成一派的專業類別。此類專業依靠共同經驗建構一套實務體系，但並不必然重視研究、理論知識或特定專精的技術，例如新興的醫事管理、市場行銷等。

　　1957年，Greenwood的〈專業的特質（*Attributes of Profession*）〉文中指出專業應具備的特質有五項：

❶ 具備基礎知識並發展理論系統，專業教育應兼顧知識與實務。

❷ 透過專業判斷與專業能力，樹立與服務對象間的專業權威和信譽。

❸ 專業對於其成員、實務、教育與績效評定，應有一套規範，以建立社群控制的機制，藉此獲得社區認可。

❹ 專業成員應有一套共同遵守、明確的倫理守則。

❺ 專業本身具有系統化的文化價值與符號，在其專業工作中發揮影響，達成專業目標。

　　Greenwood依此認定社會工作已符合專業的特質，無疑地是一門專業，並且應追求更高的專業地位，塑造專業權威。

　　另外，在著重於專業發展的過程，Wilensky（1964）提出五階段論：❶ 全職工作者的需要出現。❷ 專業訓練的出現。❸ 專業結社、組織。❹ 立法保護專業與抗衡鄰近專業。❺ 制訂倫理守則。

　　就社會工作的演進而言，社會工作似乎已完成Wilensky的專業五階段。對於一門專業而言，教育與組織是構成專業共識、形成專業文化並塑造專業權威的要素，藉此獲得社區的認可，鞏固專業地位；對於務實的社會工作專業而言，專業價值以及學理、實作並進的原則更是不可捨棄的專業發展方針。

專業化的論點

特質論

❶Flexner
專業應具備的6項條件：專業知識、科學素材、專業目標、可教育與溝通的技術、專業組織、利他的動機。

❷Greenwood
專業應具備5項特質：基礎知識、專業權威、專業規範及專業文化。

專業化類型

Carr-Saunders
依照專業化的程度，區分為：
❶已建制的專業　❷新專業　❸半專業　❹自許為專業
→社會工作屬於「半專業」

過程論

Wilensky
專業發展5階段論：
❶全職工作者　❷專業訓練　❸結社組織　❹立法保護　❺倫理守則

專業五階段論

正式工作者 ➡ 教育訓練 ➡ 專業結社 ➡ 法律保護 ➡ 倫理守則

Association

Ethics

UNIT **2-6**
美國社會工作的專業發展（一）

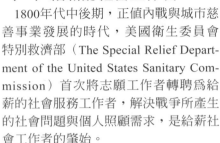

（一）給薪的社會工作者

1800年代中後期，正值內戰與城市慈善事業發展的時代，美國衛生委員會特別救濟部（The Special Relief Department of the United States Sanitary Commission）首次將志願工作者轉聘為給薪的社會服務工作者，解決戰爭所產生的社會問題與個人照顧需求，是給薪社會工作者的肇始。

附帶一提的是，儘管之後慈善組織會社（COS）主導的社會服務成為社會工作發展的起源，COS組織的友善訪問者卻非專業工作人員。更矛盾的是，反對慈善官僚化、以宗教認可執行志願服務的慈善組織會社（COS），卻逐漸朝福利科層制與專業化的方向演進。儘管道德取向的慈善組織會社並不符合專業的界定，但作為科學慈善的源頭，友善訪問者對貧窮的調查工作，卻是貧窮去個人歸因的有力依據，也是社會工作實務知識系統化累積的開始。

給薪的職務意味著在組織內的必要性和重要性，自此之後，專職的社會工作者逐漸增加，醫院中也大量聘僱社會工作者，麻省總醫院於1905年首先創立醫療社會工作部。因此醫療社會工作者在社會工作的發展中可謂占據先鋒者的角色，在醫院多專業環繞的環境中，對於社會工作專業的認同與專業地位的提升必須積極地反思和進步，也因此加速與促成醫療社會工作領先於社會工作其他領域的發展腳步。

（二）專業教育訓練

1883年道絲（Dawes A.）首次主張社會工作需要專業的訓練，指出慈善組織需要的不只是行政的職員，還需專業的工作者執行社會服務的工作。1898年紐約慈善組織會社開辦暑期慈善學院（Summer School of Philanthropy），為期六週的暑期課程是1904年紐約慈善學院一年學程的雛形。之後美國各地也對於社會工作專業教育訓練有諸多迴響，諸如芝加哥睦鄰中心、霍爾館亦參與規劃教育訓練。

但是當訓練如雨後春筍冒出後，訓練內容的紛亂無章也是備受批評的焦點，社會工作的定義、專業內涵和價值基礎在此時再次受到檢視，理論與知識的取衡、社會改革或是個人服務取向的爭議、是社會工作還是應用社會學等等的議題爭紛不斷。

1903年泰勒（Taylor G.）設立的芝加哥公民與慈善學校，在1920年併入芝加哥大學，成為社會服務行政學院（the School of Social Service Administration），是第一所設立社會工作專業教育單位的大學院校。自此，社會工作的教育不只是停留於專門學校的課程，專業教育訓練正式具備理論與實務兼具的大學教育規模，社會工作專業不只解決現有的問題，在訓練人才以因應未來的問題上也開始步步規劃，專業發展在此更進一步。

1880年代中期內戰時期

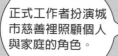

正式工作者扮演城市慈善裡照顧個人與家庭的角色。

美國衛生委員會特別救濟部聘僱的給薪社會服務工作者。

1898年紐約COS暑期慈善學院

SUMMER SCHOOL OF PHILANTHROPY

❶ 為1904年專業教育的雛形。

❷ 至1920年，芝加哥大學社會服務行政學院成為第一所社會工作教育單位。

❸ 專業教育訓練正式具備理論與實務兼具的大學教育規模。

 問題

訓練內容紛亂無章

1905年醫療社會工作

Massachusetts General Hospital,MGH

Social Worker

Social Worker

1905年，麻省總醫院首創醫療社會工作部，醫務社會工作成為社會工作發展的先鋒，發展腳步領先其他領域。

UNIT **2-7**
美國社會工作的專業發展（二）

圖解社會工作

（三）專業組織的出現與倫理守則

1921年瑞奇孟提到社會工作者應該有禁止、不該去做的事，因此倫理守則對專業工作者有其必要，1923年她就提出「社會工作者的倫理守則實驗性草案」，是社會工作者重視倫理的開始。

同一時期，受到Flexner專業六條件論點的影響，社會工作專業發展除了注重倫理，也開始有專業的組織來集結專業能量、控制專業成員的行為。1911年即有紐約女子學院的「校際就業局」成立，而後在1921年其中一部門「美國社會工作者交流處（the National Social Worker's Exchange）」轉型為「美國社會工作協會（American Association of Social Workers, AASW）」。之後直到1900年代中期，專業組織一一成立，如美國醫務社會工作協會（1918）、美國精神社會工作協會（1926）、美國團體工作研究協會（1936）、美國社區組織研究協會（1946）、社會工作研究小組（1949）等都出現於此時。

1955年，上述團體合併為「美國社會工作者協會（National Association of Social Workers, NASW）」，是美國現今最大的社會工作專業組織，成員包含專業工作者與社會工作學生，以及其他人群服務組織的工作者。它提供實務工作者發展的資源，並持續促成倫理守則發展、專業標準的進步，同時促進社會政策制訂與提升社會工作專業價值。

另外，1951年美國社會工作學校協會與全國社會行政學校協會合併，名為「社會工作教育協會（CSWE, Council on Social Work Education）」。CSWE成為專業課程標準設定的組織，規定社會工作教育至少應完成兩年碩士課程。2008年CSWE訂定社會工作碩士學生應具備下列條件方可取得學位：

❶ 認同社會工作專業。

❷ 運用專業倫理守則於實務工作中。

❸ 批判性思考的專業判斷。

❹ 重視多元與差異的實務工作。

❺ 促進人權、社會與經濟正義。

❻ 研究取向的實務工作與實務取向的研究工作。

❼ 人類行為與社會環境的知識。

❽ 運用政策實務工作。

❾ 因應環境脈絡調整工作方法。

❿ 參與評估、介入並評鑑以個人、家庭、團體、組織、社區為對象的實務工作。

專業團體之外，加州在1945年通過「社會工作自治法案（Social Work Regulatory Act）」，明訂社工師必須註冊才得以執業，同時保障專業工作者與服務對象的權益。

至1960年代，社會工作專業的建制已具備初步的模型，專業團體出現，倫理守則已訂定，教育方針及研究範疇逐漸明確，儼然跨入「專業」的門檻裡，具有專業權威以抗衡相鄰專業。

1920年代Flexner專業特質論的影響

社會工作進入倫理守則的時代 ➡ 1923年，瑞奇孟提出「社會工作者的倫理守則實驗性草案」，為社工重視倫理的開始。

❶ 1955年整併數個專業團體成立美國社會工作者協會（NASW）。
❷ 是美國現今最大且最具影響力之社會工作專業組織。
❸ 成員包含專業工作者與社工學生，以及其他服務組織工作者。
❹ 提供實務工作者資源，促成倫理守則發展，促進政策制訂與提升專業價值。

➡

1951年社會工作教育協會（CSWE）成立，主導美國社會工作專業教育課程與學位標準訂定。

➡

⬇

1945年通過「社會工作自治法案」，明訂社工師必須註冊才可執業。

⬇

❶ 至1960年代，社工專業的建制已備初步模型。
❷ 專業團體出現，倫理守則訂定。
❸ 教育方針、研究範疇明確，進入專業門檻。

UNIT **2-8**
英國社會工作的專業發展

社會福利緣起於歐洲，遠自1601年起，英國「伊莉莎白濟貧法（the Elizabethan Poor Law）」匯集當代許多濟貧相關的法案，即是歐洲社會福利的起源。慈善組織會社（COS）與睦鄰運動等社會工作專業的前身也以歐洲社會為發源地。但社會工作專業卻不是從歐洲崛起，美國資本主義社會與個人主義的價值觀，促成以個人為服務對象的早期社會工作專業出現；福利制度較早發源的歐洲社會，反而在美國社會工作專業中大張旗鼓地擴充專業版圖、充實專業內涵以後的1900年代才起步。

（一）專業教育之始

1903年倫敦慈善組織會社效仿美國成立「社會學學院（School of Sociology）」，儘管這個學院維持的時間不久，卻是英國最早的社會工作訓練單位。1929年，美國正值受佛洛伊德（Sigmund Freud）潛意識理論影響的精神分析洪流，倫敦經濟學院也在此時開始開課訓練精神科社會工作者，開啟社會工作專業訓練的大門。

（二）專業組織

1930年中期左右，第一個英國的社會工作專業組織「不列顛社會工作者聯盟（the British Federation of Social Workers, 1936）」出現，這個組織之後在1951年改組為「社會工作者協會」。雖然「不列顛社會工作者聯盟（the British Federation of Social Workers）」可稱為是英國第一個具有初步雛形的專業組織，但在當時公部門與民間各個社會工作領域的團體林立，組織宗旨與目標仍未有共識，對於英國社會工作專業發展的貢獻也因此有所限制。

（三）教育訓練制度確立、倫理守則訂定

而後英國社會工作專業的發展由政府主導，發展的主軸在於確立社會工作專業教育訓練的制度。1970年成立「社會工作教育與訓練中央委員會（Central Council for Education and Training in Social Work, CCETSW）」，設定專業教育統一標準。

同一年（1970年）英國民間社會工作專業團體重組，整合為「不列顛社會工作者協會（BASW, the British Association of Social Workers）」，制訂倫理守則與社會工作認證制度，並出版學術刊物。此時，英國的社會工作教育訓練與專業團體已成形，專業地位初步確立。社會工作教育與訓練中央委員會（CCETSW）於1989年將社會工作教育訂為兩年全職課程以取得社會工作文憑（Diploma in Social Work, Dip SW）。一方面提升專業訓練的水平，相當於三年制的大學教育；並讓學術教育單位與實務機構結盟，以充實社會工作學生進入實務領域的準備。

1990年發展出新的專業後教育，包括社會工作資格後授予（同學士學位）和社會工作進階授予（同碩士學位）。

2003年社會工作文憑改為三年制的大學課程，加上已有的碩士課程，讓教育邁向學術實務兼具的方向。

1900年代精神分析的洪流

❶1903年倫敦慈善組織會社成立社會學學院，是英國最早的社會工作專業訓練單位。
❷1929年受美國精神分析學派影響，倫敦經濟學院開班訓練精神科社會工作者。

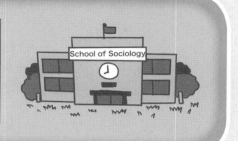

1930年代中期

1936年的不列顛社會工作者聯盟（the British Federation of Social Workers）是英國第一個社會工作專業組織，也是1970年不列顛社會工作者專業協會（BASW）的前身。

政府主導的專業教育—CCETSW

❶1970年成立的社會工作教育與訓練中央委員會（Central Council for Education and Training in Social Work），主導社會工作專業教育的統一標準。
❷與英國民間社會工作專業團體重組，整合為BASW。
❸制訂倫理守則與社會工作認證制度，出版學術刊物。
❹英國社會工作教育訓練與專業團體已成形。

第 **3** 章

臺灣的社會工作

●●●●●●●●●●●●●●●●●●●●●●●● 章節體系架構

UNIT 3-1
臺灣社會工作的發源──日治時期

圖解社會工作

臺灣是一個種族與歷史背景都相當複雜的土地，經過民族的遷移、被殖民、種族相互抗衡與同化等等的過程，形成今日多元的社會文化。而社會工作的專業發展受其所處的社會環境影響。在臺灣，社會工作來自於兩個源頭，其一是1895年至1945年間日本殖民時期的社會事業；其二則是國民政府遷臺時，將已在中國大陸發展一段時期的社會工作一併移植至臺灣。

（一）日治社會事業的基礎──擴充清朝救濟事業

清朝統治時期在臺灣辦理五大社會救濟事業：貧困救濟、醫療救濟、婦孺救濟、災荒救濟與行旅救濟；到了日本統治臺灣時，除了將清朝遺留的救濟機構重組與擴充，且引進兒童托育、就業服務、國民住宅、公共當鋪、低利貸款、感化教育、鄰保事業等新進的社會福利項目，並在原本的窮人救濟、醫療救濟、行旅救濟機構之外，再創立兒童保護、職業介紹所、少年教化所、出獄教化團體、鄰保館及公共住宅等，社會救濟與救濟機構的範疇、類型和數量均有所擴充。

（二）日治社會事業的源頭──慈善組織會社

日式的社會事業概念實則採藉於英國的慈善組織會社，日本於1908年成立「中央慈善協會」，將發展社會事業設定爲其組織宗旨，社會事業（social work）於是成爲日本社會福利的用詞，旨在以社會團結（social solidarity）爲思想基礎，促進生活福祉與社會進步爲目標。1917年至1918年間，日本本土因經濟危機爆發米糧暴動及勞工運動，遲至1920年間的「昭和危機」都尙未舒緩經濟窘困的壓力，1923年（大正12年）關東大地震帶來的災情與動亂，官方逐漸接受民間的社會事業成爲社會重建的途徑，群眾的救濟工作（relief work）取代傳統個人化的慈善工作（charity work）。

（三）矛盾的殖民地社會事業

日本殖民政府對於臺灣的統治態度是兩極化的，福利事業的移植也不例外。但有別於歐美的帝國殖民國家，日本有心在臺灣營造寬厚、建設性的殖民文化，因此積極建設社會事業，讓臺灣相較於當時其他第三世界國家，在社會福利與社會文化等層面的發展上更爲先進。

但另一方面，爲區分殖民地與殖民母國的差別，日本仍保留部分制度化的福利，例如社會保險就將臺灣排除在外。1927年施行於日本的健康保險法未將臺灣納入施行的地區。

截至第二次世界大戰日本戰敗前，日治臺灣的社會事業確實是往後臺灣社會工作專業發展萌芽的泉源。1923年日本再將社會事業教科書輸入臺灣，進一步爲臺灣的社會工作專業帶來新知。

日治臺灣的社會事業

清朝救濟事業

擴充清朝
救濟事業

❶ 貧困救濟　　❹ 災荒救濟
❷ 醫療救濟　　❺ 行旅救濟
❸ 婦孺救濟

英國慈善
組織會社

英國慈善組織會社為日
本社會事業的源頭。

❶ 日本於1908年成立中央慈善協會。
❷ Socical Work成為日本社福的用詞。
❸ 以社會團結為思想基礎。
❹ 以促進生活福祉與社會進步為目標。

日治時期在臺灣的社會事
業,為延續清代救濟事業。

日治臺灣的社會事業

❶ 積極建設福利事業
❷ 保留部分制度化福利⇒健康保險法未施行於臺灣中
❸ 輸入社會工作專業知識

UNIT 3-2
臺灣社會工作的發源──國民政府時期

國民政府統治中國大陸時期的20世紀初，社會工作就在中國大陸開始萌芽。最早採用日本「社會事業」的用詞，作為社會工作書刊的書籍名稱；但實際上，中國大陸的社會工作專業直接受到美國社會工作者影響，早於1909年即有美籍社會工作者前來組織基督徒，組成「北京社會服務俱樂部」從事都市社會服務事業，並進一步將美式四年制的社會工作教育帶到中國，促成1929年燕京大學將社會學系轉型為「社會學與社會工作學系」。同一時期，醫療社會工作也由美籍的社會服務者帶到中國，在長沙的耶魯醫院提供醫院社會服務工作，1920年北京協和醫院成立「宗教與社會工作部」，是醫療社會工作在中國的濫觴。

然而以解決都市問題而緣起的西方社會工作，不全然適用於仍屬農村社會的中國，社會救濟仍是社會服務的主軸，1940年代以後教會為主體的美式社會工作輸入式微，國民政府開始培植本土的社會工作幹部。民國38年國民政府移植來臺的即是「中國化」的社會工作。

（一）光復及遷臺後的國民政府社會工作

臺灣光復後國民政府接收日治社會事業，一方面處於戰爭後復甦的時期，社會亂象尚未平息，另一方面政府將社會事業視為日本政府遺留的毒害，僅是施予小惠收買殖民地的人民，亟待糾正與重整。因此社會服務停滯，直到民國36年設立臺灣省政府社會處，但此時國民政府推動社會工作的重要目標在於「宣揚三民主義國策」，意在剷除日治時期的遺毒。此時的社會工作以人民組訓為核心目標，發動民間力量以推動社會建設，臺灣的社會工作至此時期朝黨政化的方向發展。

（二）二次世界大戰後美式社會工作與社會福利政治化

1960年代，美式的社會工作思想與教育透過聯合國和學術的交流，成為臺灣社會工作的發展主力，聯合國糧農組織（the Food and Agriculture Organization）贊助「中華民國社區發展研究訓練中心」的學生赴歐美受訓，美國社會工作的「社區工作／社區組織」以「社區發展」的形式，於1965年成為當時頒訂的「民生主義現階段社會政策」七大工作要領之一。

然而，國民政府以政治渲染社會福利的立場仍未動搖，社會工作在此時被視為反攻大陸的革命工具，成為籠絡特定階級來鞏固統治權，以及施行社會控制的手段。最顯而易見的作法是當時臺灣的社會福利發展受益對象偏重軍公教人員，是國家武力、文化教育及行政的主力，也是國家機器運作的主軸；此外，則是1970年代社會抗爭與社會運動紛起的時期，社會工作成為當時社會福利立法的附帶產品，依附於國家制度之下形同抑制社會反動的一環。

國民政府時期社工發展

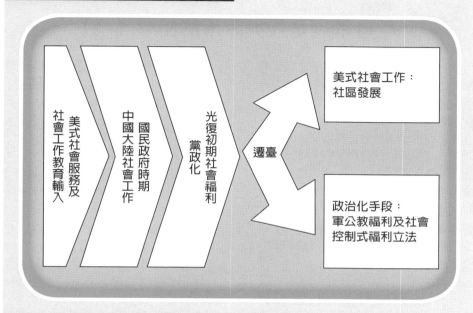

美式社會工作服務及社會工作教育輸入

國民政府時期中國大陸社會工作

光復初期社會福利黨政化

遷臺

美式社會工作：社區發展

政治化手段：軍公教福利及社會控制式福利立法

遷臺後的社會福利的發展過程

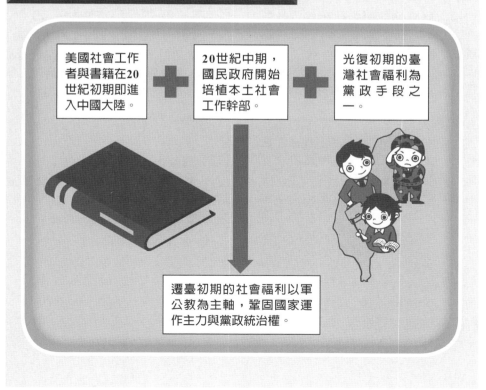

美國社會工作者與書籍在20世紀初期即進入中國大陸。

➕

20世紀中期，國民政府開始培植本土社會工作幹部。

➕

光復初期的臺灣社會福利為黨政手段之一。

遷臺初期的社會福利以軍公教為主軸，鞏固國家運作主力與黨政統治權。

UNIT **3-3**
社會福利法規與政策的發展（一）

　　儘管在西方社會中，社會工作發展的使命之一即是促成社會立法與社會改革。但如同前述，臺灣社會工作發展在初始的階段有如政治的附屬品，與其說社會工作專業在社會經濟環境的需求中萌生，不如將其闡釋為黨政治國時代下，國家運作的手段。因此從國民政府遷臺至民國80年代的數十年間，政府以社會福利立法回應諸多社會議題，附帶著提供社會工作嶄露頭角的機會，但也挑戰社會工作者在專業發展時的核心價值。

（一）遷臺初期——社會福利作為政權穩固工具

　　民國38年遷臺之初，國民政府帶著中國大陸時期的四大社會政策綱領（「民族保育政策綱領」、「勞工政策綱領」、「農民政策綱領」及「戰後社會安全初步實施綱領」），將政黨目標視為治國方針，著重經濟建設與發展（以農業和勞工為本），當時的社會福利非首要之務，維持國家政權基礎（藉由籠絡軍公教與強調民族正當性）是統治的要務。此時期的社會立法顯著績效僅有42年的「陸海空軍軍人保險條例」、47年「公務人員保險法」及「勞工保險條例」，藉以實施憲法第155條「國家為謀社會福利，應實施社會保險制度」。顯而易見地，這個時期認定國家維持的核心在於軍人與文官（公務員），再提供勞工保障，輔助並促進經濟穩定成長，呼應著四大社會政策綱領的核心價值。

（二）社會福利政策的出現——「民生主義現階段社會政策」

　　至民國54年行政院頒訂「民生主義現階段社會政策」，設置社會福利基金，宣示社會福利的施行應包含社會保險、國民就業、社會救助、國民住宅、福利服務、社會教育、社區發展等七個項目。自此，社會福利政策確立，讓法規的訂定得以依循。但戒嚴體制下的臺灣社會，並未提供福利措施發展的有利條件，導致社會福利立法尚未跟隨政策的腳步，此時期僅於民國57年修訂勞工保險條例，福利服務的進展也差強人意。

（三）社會福利立法第一步

　　民國60年我國退出聯合國，聯合國兒童基金會對臺灣兒童福利的贊助也隨之撤離，為了彰顯兒童福利未隨國際支援的撤除而有所影響，以支持退出聯合國的外交決策，62年「兒童福利法」立即通過，可謂回應當時國際關注的壓力，宣示成分大於實質意義。儘管在當時未必有具體的兒童福利服務措施跟進，但不可否認，兒童福利法是臺灣社會福利立法的第一步，在社會福利的發展進程中仍具有象徵性的意義。

法規與政策

年分 （民國）	社會福利政策立法	時代背景或立法意義
38	四大社會政策綱領	黨政治國，籠絡軍人與國家公務員以維持治理正統性，輔以勞工保障促進經濟發展。
42	陸海空軍軍人保險條例	
47	公務人員保險法、勞工保險條例	
54	民生主義現階段社會政策	明確訂定福利政策，包含社會保險、國民就業、社會救助、國民住宅、福利服務、社會教育、社區發展等項目，但戒嚴時代下福利立法未能跟進。
62	兒童福利法	回應60年退出聯合國，聯合國贊助撤回後，國際對兒童福祉的關注壓力。
69	老人福利法、殘障福利法、社會救助法	民國60年代後期政治、社會事件紛起，回應動盪不安的情勢所做的安定策略——社會福利三法。

遷臺初期，軍公教為國家維持的主要力量，經濟發展的目標也遠甚於社會福利。

民國60年退出聯合國，為回應國際社會關注的壓力，促生了第一個社會福利立法——兒童福利法。

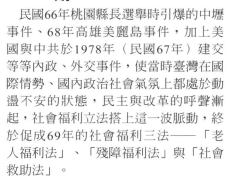

UNIT 3-4
社會福利法規與政策的發展（二）

圖解社會工作

（四）各項社會福利立法的時期

民國66年桃園縣長選舉時引爆的中壢事件、68年高雄美麗島事件，加上美國與中共於1978年（民國67年）建交等等內政、外交事件，使當時臺灣在國際情勢、國內政治社會氣氛上都處於動盪不安的狀態，民主與改革的呼聲漸起，社會福利立法搭上這一波脈動，終於促成69年的社會福利三法──「老人福利法」、「殘障福利法」與「社會救助法」。

首先通過的「老人福利法」，修法過程中曾因為當時國內男性平均年齡是68.8歲，而將老人定義為「65歲以上」。然而在院會二讀的程序中，為考量當時政府財政負擔的能力，同時也關係著當時社會福利預算規模的可行性，而將老人的定義修訂為「70歲以上」，實際條文也僅限於機構設置與獎助、半價優待等零星的補助措施和優惠，尚無「福利」可言，想當然耳，未能成為服務建置的依據。

其次則是「殘障福利法」，內容多屬宣示性條文，對於殘障者福利服務與權益保障尚無著墨。「社會救助法」則是將原有的救濟制度合法化，延伸61年制訂「小康計畫」以後救濟概念的改變，救濟被視為制度的一環，受助者由「貧戶」改稱為「低收入戶」，貧窮逐漸被視為社會問題更甚於個人因素所致，救濟的目標更擴充為協助其自立更生。

69年的福利三法雖然多半仍在宣示政府的福利意識，少有實際作為的意義，但臺灣的社會福利立法仍據此初具雛形。往後的數年間，社會福利經費與專業人力並未因此有顯著的增長，顯示這一波立法的意義在於以回應並消弭社會反動力量為主，反而解決社會問題與發展社會工作專業並非主要考量。

73年由於美國對於臺灣低工資關注的壓力下，擱置20餘年的「勞動基準法」通過，儘管該法限定特定行業適用，未能達成社會公平與保障普遍勞工，但已是臺灣最早規範最低勞動條件、勞雇權利義務的立法，尚可稱為社會立法上的濫觴之一。

而後隨著76年解嚴，政黨成立與民間社會運動蓬勃發展，社會福利立法進入修法時期，相關社會福利立法也因應社會倡議團體的行動，較具實質推動福利的意義。77年開始規劃全民健康保險，「殘障福利法」與「勞動基準法」於79年修訂完成，82年「兒童福利法」修正，並於同年開始進行國民年金規劃，83年公布施行「全民健康保險法」，是臺灣第一個強制納保的普及性社會保險制度。

小博士解說

除了上述社會福利法規以外，臺灣還有許多社會福利法規陸續制定頒行，例如兒童及少年性交易防制條例（民國84年）、性侵害犯罪防治法（民國86年）、家庭暴力防治法（民國87年）、兩性工作平等法（民國91年，97年修正名稱為「性別工作平等法」）、兒童及少年福利法（民國92年，將「兒童福利法」及「少年福利法」合併為「兒童及少年福利法」）、身心障礙者權益保障法（民國96年，「殘障福利法」及「身心障礙者保護法」陸續修訂名稱「身心障礙者權益保障法」）。

法規與政策

年分 （民國）	社會福利政策立法	時代背景或立法意義
69	民國60年代後期政治、社會事件紛起，回應動盪不安的情勢所做的安定策略──社會福利三法。	
	老人福利法	老人定義為70歲以上，實際條文尚無實質「福利」意義。
	殘障福利法	宣示性意義。
	社會救助法	整合舊有的救濟制度，視貧窮為社會問題，濟貧的目標延伸至自立脫貧。
73	勞動基準法	回應美國對臺勞動條件的關注，是最早規範勞雇權利義務的法規。
77	規劃全民健康保險法	解嚴後社會團體倡議活絡，促成社會福利法規修訂，更符合實質福利需求。
79	殘障福利法、勞動基準法修訂	
82	兒童福利法修訂	
83	全民健康保險法、規劃國民年金	全民健保為第一個強制納保的普及性社會保險。

社會情勢

UNIT 3-5
臺灣社會工作專業工作方法的發展

圖解社會工作

在臺灣，留美社會工作學者帶回的社會工作以個案工作為主流，以致臺灣的社會工作取向長久以來偏重個人式、殘補式的工作方法，由結構與環境的因素所造成的社會問題相對少而被凸顯。

52年，從聯合國退休的張鴻鈞夫婦來臺發表「談社區發展」演講，而後臺灣因受「聯合國糧農組織」贊助，派留學生至美國、荷蘭、英國等國受訓，並出版《社區發展季刊》；54年的「民生主義現階段社會政策」納入社區發展為七項目標之一。50至60年代期間，社會工作三大方法之一的社區組織與社區工作，以社區發展之貌在臺灣蓬勃發展，成為社會工作專業的主流。然而在聯合國的贊助下所輸入的社區發展，配合國內政策的推力，成為社會工作實務與學術的主流，卻未必與臺灣需求相符，社區發展數十年來是否為社會工作專業累積足夠的本土化知識、實務技巧，仍難以定論。

另外，參與建設臺灣社會政策制訂的社會工作者是整理經驗與知識的主流，如同前述，臺灣的社會福利與社會工作發展依附政治與政策居多，專業影響和主導的角色微弱，因此專業工作方法難以藉此有顯著的進展。

政策主導與重實務的取向，使臺灣的社會工作專業發展素來有兩股主要的引導力，一是實務個案工作者，尤其以在中國大陸時期就先起步的醫務社會工作者；另外，則是政府部門的社會政策制訂者與行政人員。

然而兩者均以經驗和實作為重，知識的累積與探索較不受重視，兩者之間對於彼此的專業度也不盡然認同，因此臺灣的社會工作專業在發展主力分歧的條件下，較難整合且有完整的發展途徑。

正因為臺灣社會工作受多源頭影響，加上臺灣本土人口組成的多元特性，無論是在社會工作專業、實務或是教育的發展過程中，始終都有多種的觀點主張，然而對於臺灣的社會工作者而言，在專業發展的道路上不可或缺的三項能力，正如張菁芬與莫藜藜（Chang & Mo, 2007）所提出的：

❶ 將社會工作落實於本土化的實務中。

❷ 建立多元文化的能力。

❸ 界定與測量所受社會工作教育的成效。

其所主張的正是因為社會工作需要因地制宜，自歷史發展的軌跡中領悟，理解社會工作的在地需求，建立具備「時間」與「地區」觀點的社會工作專業。

而社會工作者無論是在知識上或是實務工作裡，都必須具備反思與自我檢視的能力，尊重與融入差異的多元文化，並時時思考所做的服務以及發展的方向是否偏離專業的主軸。

專業工作方法發展

40年代
個案工作方法

留美學者受精神
分析個案工作影
響，個案工作為
主要工作方法。

60年代
社會政策

在聯合國贊助下，
引進社區工作與社
區組織。

本土社會工作者與
參與社會立法人士
發表的書籍。

50年代
社區發展

69年以後
團體工作與社區
發展的書籍出現

臺灣社會工作方法的發展主軸

政策主導、重實務

由人民政府行政機關推動社會工作業務

醫務社會工作者

政策
法令

政府

UNIT 3-6
社會工作專業人員制度的建制

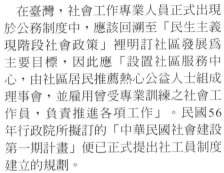

(一) 社會工作員制度化

在臺灣，社會工作專業人員正式出現於公務制度中，應該回溯至「民生主義現階段社會政策」裡明訂社區發展為主要目標，因此應「設置社區服務中心，由社區居民推薦熱心公益人士組成理事會，並雇用曾受專業訓練之社會工作員，負責推進各項工作」。民國56年行政院所擬訂的「中華民國社會建設第一期計畫」便已正式提出社工員制度建立的規劃。

至60年，「臺灣省各縣市設置社會工作員計畫」是落實社工制度的開始，選擇臺中縣、臺北縣、雲林縣及高雄市試辦；61年頒訂「臺灣省各縣市設置社會工作員實施計畫綱要」，再加入基隆市、臺南市、臺中市等省轄市試辦兩年；62年於30個山地鄉設置山地社會工作員。68年頒行「臺灣省推行社會工作員制度實施計畫」，社會工作員已幾乎出現在每一縣市中，該計畫明訂社會工作員的工作項目，包含以家庭、青少年、老人與社區等為服務對象。

縣市政府方面，臺北市於64年聘用6名社會工作員，主責兒童福利與綜合性服務，從事大安區救助工作。到了67年，臺北市的社會工作員已有33名，臺北市政府社會局於是成立社會工作室，即首創管理社會工作員的單位。68年臺灣省政府與高雄市政府亦跟進成立綜管社會工作員業務的單位。

社會工作員的設置逐漸普遍化以後，71年臺灣省政府函請內政部將社會工作員與社會工作督導納入編制，隔年內政部訂定「建立社會工作員專業制度實施方案」，將社會工作員的聘用與升遷制度化，但此方案所包含的僅為縣市政府所聘用的500多名社會工作員，可謂是政府版的社工員制度，尚未考量與納入民間社會工作者。

(二) 民間社會工作員

民間的社會工作員遠早於政府的制度就已出現，民國38年臺灣省立臺北醫院（中興醫院前身）所設置的社會服務部已聘有社會工作員，應屬最早的社會工作員。40年臺大醫院社會服務部也聘僱社會工作員，因此醫務社會工作在實務上的發展始終領先於其他領域，亦是臺灣社會工作專業人員的主要力量。

此外，39年起就在臺灣從事社會服務的基督教兒童福利基金會（Christian Children's Fund，簡稱CCF），於53年在臺灣設立分會——基督教兒童福利基金會臺灣分會（72年更名為中華兒童福利基金會，Chinese Children's Fund，簡稱CCF/Taiwan），在全臺設置23所家庭扶助中心，從事救助貧童的工作。同一年，世界展望會的分會——臺灣世界展望會（World Vision Taiwan）成立。

CCF與WVT兩個組織都以兒童與家庭扶助工作為主軸，聘有社會工作員。然而囿於這兩個民間組織仍帶著宗教色彩從事社會服務，慈善事業的意義大於專業社會工作，加上當時在社會環境上，政治與國家的力量遠大於民間。因此儘管上述CCF與WVT皆是臺灣早期社會工作發展不可或缺的勢力，卻無法領先政府部門，主導社會工作發展。即使是最早起步的醫務社會工作，也因為在醫院體系裡抗衡其他醫護專業，建立專業自主性與專業地盤已耗費其大量心力，因此一直難以跨越醫院，處於較封閉的服務體制中，對整體社會工作發展心有餘而力不足。

專業人員制度建制

臺灣社會工作專業人員建置的特色

⬇

民間先起步、政府主導納編制度

民間部門

❶民國38年臺北醫院的社會服務部最早聘有社會工作員。

❷民國53年CCF與WVT在臺成立分會，均聘有社會工作員。

政府部門

❶民國56年「中華民國社會建設第一期計畫」最早提出社工員制度建立的規劃。

❷民國60年「臺灣省各縣市設置社會工作員計畫」落實社工員聘用制度。

❸民國62年於山地鄉設山地社會工作員。

❹民國68年頒行「臺灣省推行社會工作員制度實施計畫」，明訂社會工作人員的工作項目。

❺民國72年「建立社會工作員專案制度實施方案」，將社會工作員的聘用與升遷制度化。

❶醫務社會工作領先發展。

❷早於官方聘雇社會工作員。

政府部門掌握專業人員編制主導權。

UNIT 3-7
專業組織與社會工作師法

（一）專業組織

60年代以前的臺灣，已有從中國大陸撤退來臺的社會行政人員所組成的「中國社會工作人員協會」，但這個組織並未包含接受社會工作教育的社會工作者。只是受限於當時處於戒嚴時期，不可成立與既存的人民團體相同性質的組織，礙於此規定而始終尚未出現其他專業組織。

70年代社工員建制與納編的議題興起，民間社會工作者與社會工作學者開始重視並積極討論專業社會工作者結盟的課題，藉此鞏固與爭取專業地位。72年，歷史最久的醫務社會工作人員率先成立「中華民國醫務社會服務協會」，並於79年創刊《中華醫務社會工作學刊》，80年更名為「中華民國醫務社會工作協會」，是臺灣最早的一個社會工作專業組織。

解嚴後，社會團體的活動力復甦，77年社會工作者先以「社會工作聯誼會」的方式推動政府成立社會福利部。78年3月26日正式依法成立「中華民國社會工作專業人員協會」（89年更名「臺灣社會工作專業人員協會」，簡稱社工專協）。自此之後，社會工作專業組織不僅配合社會政策與立法中社會工作員的需求擴張專業版圖，也積極促成及參與社會工作師法的立法過程。

（二）社會工作師法

社區發展訓練中心於80年委託徐震與當時社工專協理事長林萬億研擬「社會工作師法草案」，並與醫務社會工作協會合作，以社會工作專業證照制度推展為主軸，制訂社工師法草案。因專業制度立法的內容無法跨足政府人事編制，需以專業教育、實務規範與專業認證為核心目標。據此，社會工作師法主要界定社會工作師的職掌、考試制度，以及專業團體。

此後，社會工作師法出現由民間社會工作者、政府社會行政人士與社會工作專業人員協會多方提出的數個版本，並經立委提案，在80年到84年間未能進行審查，於是社會工作者成立「社會工作師法推動聯盟」，發動84年10月26日的社會工作請願遊行，促成當年12月13日社工師法於立法院排入議程。86年3月三讀通過，4月2日公布施行，4月2日也就成為臺灣的「社工日」。87年內政部頒訂「社會工作倫理守則」18條，臺灣社會工作專業建制初步完成。

然而檢視臺灣社會工作專業建制的過程，始終難退去國家主導的色彩，倫理守則的訂定相較於西方國家的專業倫理也顯得陽春，建制過程的完整是否已令社會工作專業足以與醫療、法律、會計、教育等，這些歷史悠久並且體制堅固的專業並立？專業工作者與社會大眾所能給予的答覆恐怕都仍有存疑。

只是專業規範的擬定、證照制度建立，給社會工作者一個準則，並提供專業自我提升的空間。儘管這個準則不盡然完善，也必定需要接受社會工作者自身與來自各界的挑戰，但從無到有的專業發展中，專業人員的出現、結盟與立法鞏固專業地位仍是必經且重要的階段。

專業組織與社會工作師法

年分 （民國）	專業團體	當代重要事件
60年代	中國社會工作人員協會	戒嚴時期，未能成立其他專業團體。
72	中華民國醫務社會服務協會	70年代社會工作員納編議題，促使專業人員結盟。民間與學者開始重視結盟課題。
77	社會工作聯誼會	倡議政府成立社會福利部。
78	中華民國社會工作專業人員協會	參與各項社會政策與立法，推動社會工作師法立法。
80	中華民國醫務社會服務協會更名為中華民國醫務社會工作協會	是臺灣最早的社工專業組織
87	頒訂「社會工作倫理守則」	❶目的：界定社會工作師的職掌、考試制度，及專業團體。 ❷頒訂18條，臺灣社會工作專業建制初步完成。 ❸4月2日為社工日。
89	中華民國社會工作專業人員協會更名為臺灣社會工作專業人員協會	—

戒嚴的時代使臺灣社會工作專業結社發展較緩慢，但80年代以後，社會工作專業化與法制化的進展，仍歸功於社會工作專業團體的參與和促成。

專業團體

社會工作

戒　嚴

社會工作專業

80年代後

第 4 章
社會工作理論

●●●●●●●●●●●●●●●●●●●●●●●●●● 章節體系架構

UNIT 4-1
社會工作需要理論？

圖解社會工作

社會工作的知識往往就像日常生活常識一樣。事實上，社會工作的理論都是從慣常的日常生活經驗裡發展出來，或者應該說社會科學與人類行為的理論通常都具備這樣的特質。因此社會工作難免被質疑成為何需要理論？資深的社會工作者對於實務的信仰也往往甚於對理論的信服。但不可否認的是，在一個複雜多變的社會情境中，處理人與社會的問題會隨著環境、時代的變遷而有多元的轉變。過去的經驗對於實務社會工作者在面臨雷同的服務情境時，的確具有相當的參考價值；但隨著社會情境的異動，社會工作者若不能將實作的經驗套用或轉化為理論知識，經驗派得上用場的時機就會越來越有限。

理論是什麼？社會工作的理論有何特色？Beckett（2006）對社會工作理論的闡釋為：

我們可以用以理解當下所處的情境，或是藉以決定當下反應的觀念或模式。

由此可知，社會工作理論至少應該協助社會工作者達成以下目標：

❶ 理解環境與個人所發生的事。

❷ 對事件的發展和個人的行為做出更細緻的判斷與預測。

❸ 藉此擬定社會工作介入的方案，並能評估介入所帶來的結果。

❹ 將事件與經驗回饋至理論，建立、修正或推翻理論的觀點。

理論對於社會工作者的重要性即是在於：社會工作者每天面對許多不同的服務使用者，他們帶著各自的生命事件進入社會福利體系，即便是相同的處境，不同的兩個人也可能有差異很大的歸因與反應；而社會工作者有可能是年輕的新手，即使是經驗豐富的老手，每一個案子都可能是前所未見的新案例。理論給社會工作者一個可以思辯的參考架構，使實務工作不至於如同憑空想像般得各憑本事。

社會工作者需要具備相當的「理解」能力，立基於心理學、政治學、權力動力、犯罪行為與社會學等社會科學知識之上，並對於多元的生活經驗有所涉獵，來了解服務對象的需求。接著，不同於日常問候或是閒聊的談論，社會工作者對於事件和服務對象的行為需做出更有說服力的「說明」，說明的目的在於讓其獲得進入福利體系的資格，以及推演後續處理的方針，也就是做出判斷與預測；而後才能依照判斷與預測，「訂定個別化的服務方案」，參考理論架構或特定的服務觀點，對於介入的影響有掌握能力。最後，社會工作理論是「從實務中而來」，每一次的服務方案對於社會工作者都是一次知識的累積，理論與實作必須是相輔相成，個別案例之間必定有共通性與差異性，而社會工作者的任務就是將這些共通與差異系統化地整理，成為往後依循的準則。

社會工作理論

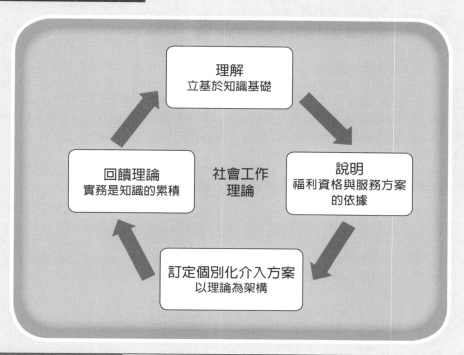

社會工作者

UNIT 4-2
社會工作的理論架構

圖解社會工作

社會工作者需要對多元的生活經驗有涉獵，是因為社會工作者每天都接觸許多不同的服務對象，必須理解他們的處境與所面臨困難的成因。而理解可以透過一些有系統的知識與規則，稱為「理論（theory）」。理論是由一組「命題（proposition）」組成，命題則是對於現象的說明，其中包含數個表達單一事件的符號——概念（concepts）。數個命題之間的關聯和邏輯性構成理論。

具有層次、結構精密、可反覆驗證者多屬自然科學推演的理論，諸如物理學、化學等；而社會科學的理論通常相對不穩定，人類行為與心理機制很難透過精密的測量取得定值與不變的程式。因此，不同社會工作理論間對於相同事件也可能有不同的解釋。社會工作的理論依據知識的層次、知識的來源與解釋現象的觀點可分為不同類型：

（一）不同知識層次的理論
❶ 正式理論

對於社會特定現象、個人經驗或是社會工作的本質有自成一套的完整說明，許多社會工作從其他學門參藉的知識均屬於正式理論，例如心理學、醫學、組織行為、社會學、經濟學與政治學等；另外則是社會工作本身發展出以實務為基礎的理論，例如心理社會觀點、任務中心模型、問題解決學派等。當然，這其中包含有些應稱為「準理論」的「模型（model）」，模型與理論的差別在於模型對事件的解釋不見得具有推論的功能，主要在於描述與概念化事件，屬於理論的前階段。

❷ 非正式理論

社會工作運用服務提供者（也就是社會工作者本身）與服務使用者（包含使用者的支持系統、關係人等）的經驗，發展出一些可參考與類推的非正式知識系統。擁有這類知識者應稱為實務專家。

（二）不同知識來源的理論
❶ 解釋性理論

上述正式理論中若從相關學門採集、改良的理論知識多屬這一類，這類理論必須相對地可驗證，當然不如自然科學一樣精確穩定，也因此，社會工作使用的理論具有一定的變動特質。

❷ 實務介入理論

社會工作以自身專業發展出的理論多屬此類，理論內涵著重於敘述實務介入的觀點、介入方法。

（三）解釋現象的觀點
❶ 微視理論（micro theories）

以個人、團體或家庭等使用者為單位的理論架構，理論提出的歸因與介入目標通常是個人的。

❷ 中介理論（mezzo theories）

說明處於個人和社會系統間的抽象概念，來自於系統觀點。將個人與其所處的環境視為一個相互關聯的整體，因此理論的內涵主要在於解釋系統間的運作和影響，包含系統理論與生態觀點。

❸ 鉅視理論（macro theories）

鉅視層面的理論重點在於「社會結構」，將許多現象的形成歸因於結構與其運作的結果，因此介入方法訴諸政治行動、社會組織、公共教育活動和公共福利等。

理論架構

知識層次	❶ 正式理論，如心理學、醫學、社會學等 ❷ 非正式理論，實務專家的經驗
知識來源 （屬正式理論）	❶ 解釋性理論，心理學、社會學、組織行為學等 ❷ 實務介入理論，介入方法
觀點的層次 （屬正式理論）	❶ 微視理論，精神分析、依附理論等 ❷ 中介理論，生態系統觀點 ❸ 鉅視理論，後現代主義、基變社會工作等結構觀點

不同層次來源的理論

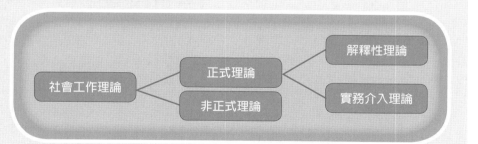

觀點層次

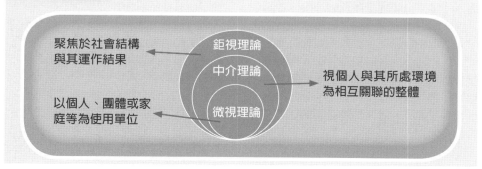

UNIT **4-3**
精神分析論（Psychoanalytic Perspective）

圖解社會工作

（一）時代潮流

從瑞奇孟開始的個案工作，佛洛伊德心理學（Freudian psychology）的潛意識心理分析色彩就已進入社會工作的實施理論裡。在科學化的濟貧工作取向之下，社會工作將：「訪視→診斷→介入」，視為個案工作的必經程序。1920至1950年代發展漸趨成熟的心理學成為社會工作者採用的理論大宗，也就是Woodroofe（1962）所稱「精神分析洪流（psychiatric deluge）」的時期。

（二）重要概念
❶ 心智（mind）

精神分析論的主要焦點在於人因受早期（即是童年）經驗影響，在理智、意識控制的心智之下尚有潛意識（unconscious），個人無法察覺到潛意識的活動，因此童年經驗與父母親角色，對於人格發展和行為模式都有重大的影響。

❷ 本我（id）、自我（ego）和超我（supergo）

人的內在分為三個部分，本我掌管原始的需求與內在趨力（innate drives），也就是生理需求和性衝動，本我引導的個人意識會趨於享樂而避免痛苦的事；自我則是理智的一面，遵循「現實原則」，引領個人依照合理、合適的方式獲得滿足，並且容許挫折與失敗，作為內在成長的基礎；超我則是道德與良知的部分，透過父母、照顧者的教導，與社會學習、社會化的過程，習得社會規範。三者之間的平衡關係著個人行為的協調，失序的行為通常意味著某部分長期的壓抑與扭曲。

❸ 防衛機制（defence mechanism）

是自我對本我的壓抑所產生的潛意識防禦功能，為了避免精神上的痛苦與焦慮等負面情緒，有意識或無意識地切割本我的本能反應。包含壓抑、轉移、否認、投射、反向作用、退化、涉入、昇華、利他、解離等。

❹ 轉移和反轉移（transfer and counter-transfer）

人與人之間的關係，常與個人過去的人際關係經驗相關，精神分析論尤其強調個人會將與父母、主要照顧者的關係投射至目前的關係裡，即是轉移；相對地，當社會工作者本身發生這樣的投射經驗，而造成不恰當的情緒或互動，則是反轉移。

（三）理論的實施

精神分析論採用的介入方式以談話性治療（talking cures）為主，深入地與服務對象談論他們認為自己遭遇的問題、對問題的感受與歸因，並追溯、聯想至早期經驗。社會工作者仔細地觀察其言語、情緒間表達的潛在衝動，點出這些觀察藉此引導服務對象反思經驗與感受的本質。因此精神分析論重視「頓悟（insight）」，將談話過程與過程中的自我反思視為一種療效。

然而精神分析洪流時期對心理學與佛洛伊德的信服，亦造成社會工作者遺忘社會倡導與改革的使命，介入焦點過度強調個人的行為與思考改變，使需受協助的服務使用者反成為個人問題的核心；另外，長時間、密集的談話治療未能解決許多立即性的需求，也不適合許多弱勢族群，此時期也在精神分析的盲點下，如同處於「社會學的盲障」。

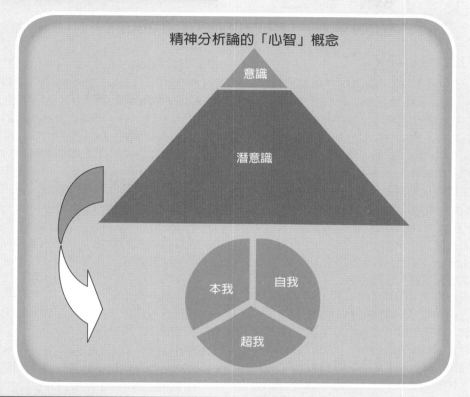

精神分析論重要概念

精神分析論的「心智」概念

意識

潛意識

本我　自我

超我

時代潮流

精神分析洪流時期

瑞奇孟時期的個案工作，就已受精神分析論的影響，企圖以科學化的方式執行社會工作的診斷和介入。

個案工作必經程序：訪視→診斷→介入

理論的實施

以談話治療為媒介的精神分析論，往過去探究的取向

缺乏環境觀點

社會工作理論思潮上的「社會學盲障」

第4章 社會工作理論

UNIT **4-4**
依附理論（Attachment Theory）

圖解社會工作

（一）時代潮流

20世紀中期，英國兒童精神科醫師Bowlby受精神分析心理學派影響，以科學的方法研究親子關係和對兒童發展的影響，他廣泛採用進化論、動物行為論、生物學、認知心理學、神經科學等理論，最後發展出強調幼兒與照顧者間相對關係的理論，即是依附理論（attachment theory）。

Bowlby將神經科學裡對腦部發展的知識應用於解釋生物行為，以及而後Harlow以恆河猴所做的依附實驗（給予小猴兩個「代理母猴」，其中一隻以鐵絲製成，但會供應奶水，另一隻則是以絨布製成。實驗發現並非有奶便是娘，小猴於吸奶之外的時間多半表現出對於絨布母猴的依附），主張幼兒受其內建（in-built）的生物行為模式引導，隨著餓、冷、累、不舒服等感受，對照顧者發展依附行為，形成兩者間的客體關係。這就是精神分析論與依附理論之間的關聯。

（二）重要概念

❶ 客體關係（object relation）

嬰幼兒對於他人（通常是照顧者），因生物需求產生的社會互動與情緒反應。影響客體關係的主要是照顧者的照顧能力與其照顧品質。

❷ 內在工作模式（internal working model）

嬰幼兒在生命初始的7至8個月內，因照顧者的照顧行為、情緒反應，發展出選擇依附對象的模式，而逐漸開始自我形象塑造。嬰幼兒會內化照顧關係的品質，發展日後與他人互動、建立關係的內在工作模式。

❸ 依附模式

(1) 安全依附（Secure attachment）：當照顧者有足夠的敏感、溫暖並與嬰幼兒親近，一旦照顧者在場，嬰幼兒就可以發展出向外探索、與他人互動的能力；照顧者離開時雖然會出現哭泣、不安的反應，但當照顧者返回也能立即與其親近尋求保護與慰藉。

(2) 矛盾依附（Anxious-ambivalent）：若是照顧者照顧能力不佳、無法滿足嬰幼兒需求，並且有不一致的行為要求，嬰幼兒就有可能出現「愛恨交織」的依附行為，對於照顧者的存在與消失有焦慮、沮喪、憤怒與抗拒等行為。

(3) 逃避依附（Anxious-avoidant）：對嬰幼兒表現負面情緒與行為的照顧者，會讓嬰幼兒發展出冷漠的依附行為，對於照顧者的離開沒有特殊反應，也不會主動探索周遭環境，陌生人的出現對其也沒有特別影響。

(4) 紊亂依附（Disorganized attachment）：行為混亂、失序的照顧者，會把自身的形象投射到嬰幼兒身上，嬰幼兒對於照顧者會有驚嚇或害怕的反應，並形成破碎的自我形象。

（三）理論的實施

依附理論在社會工作中常運用於兒童虐待與疏忽，社會工作者以此為架構，理解、評估與介入，並協助失序或喪失功能的照顧者與嬰幼兒，因此儘管理論著重於描述嬰幼兒的發展，應用範疇的服務對象，包含成人照顧者與嬰幼兒雙方複雜的心理、情感活動，在兒童倡議、早期療育與心理衛生等領域都有所助益。

恆河猴實驗

Bowlby藉由恆河猴的依附實驗,主張幼兒對照顧者發展的依附行為,會受其本身生物行為模式引導。

依附模式

依附模式	安全依附	矛盾依附	逃避依附	紊亂依附
照顧者	敏感、溫暖	行為不一致	負面對待	混亂
依附行為	信任、緊密	沮喪、憤怒	無回應	驚嚇、害怕
人格特質	穩定、向外發展	喜怒無常	冷漠	失序、解離

依附理論

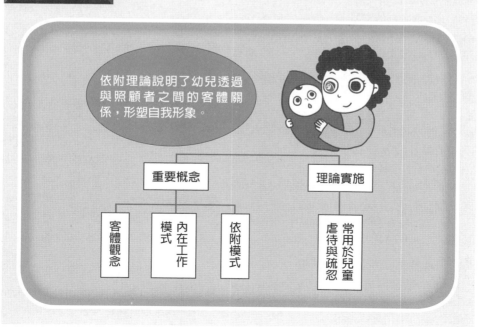

依附理論說明了幼兒透過與照顧者之間的客體關係,形塑自我形象。

```
                    ┌─────────────┬─────────────┐
                重要概念                      理論實施
        ┌─────────┼─────────┐              │
     客體觀念   內在工作模式   依附模式      常用於兒童虐待與疏忽
```

UNIT 4-5
認知行為理論（Cognitive-behavioural Theorie

（一）時代潮流

依附理論讓社會工作理論邁入跨學門領域的研究，社會工作中的科學發展到20世紀末期的1970至1990年代越發興盛。行為治療與認知心理治療便是這一個時期的主流理論，重視社會工作者可以透過哪些方式幫助服務對象修正、改變行為與思考模式。

（二）重要概念

❶ 古典制約（classical/respondent conditioning）

行為治療理論中最著名的實驗便是Pavlov與他的狗，稱為古典制約或反應制約。他運用食物訓練狗對鈴聲的反應，驗證行為反應的養成過程是「刺激（S）→反應（R）→後果（C）」的連結。消除（extinction）、系統減敏感法（systematic desensitization）的行為修正技巧都源自於此理論。

❷ 工具制約（instrumental/operant conditioning）

Skinner提出的工具制約，即是在刺激與行為反應間，使用增強（reinforcement）來強化行為的強度與頻率，也稱為操作制約。工具制約與古典制約的差異是在反應前施予增強，「刺激→增強物→反應→後果」，增強可能是正向（positive）或負向（negative，即是嫌惡刺激aversive stimuli）。懲罰（punishment）也是運用於減少行為的技巧。

❸ 社會學習論（social learning）

Bandura所提出的社會學習論（social learning）認為行為的養成都是透過社會學習或是模仿（modeling）。

❹ 認知學習

Ellis在20世紀「認知革命」時期發展出認知治療學派的理情治療（RET, Rational-Emotive Therapy），認為行為的失序來自於非理性與負向的思考模式。

❺ 自我效能（self efficiency）

認知行為治療的其中一項目的在於提升個人對於自己擁有的能力、解決問題能力的信賴。

❻ 自動化負向思考（automatic negative thoughts, ANTs）

在精神疾患中經常使用這個概念說明焦慮與憂鬱產生的原因，個人很容易陷入偏頗與扭曲的負面思考中，並用絕對、無可挽回的後果解釋所處情境。

（三）理論的實施

❶ 行為修正的ABC：前件（Antecedents）→行為（Behaviours）→後果（Consequence）。

❷ 認知治療的ABC：前件（Antecedents）→信念（Belief）→後果（Consequence）。

❸ 行為雙因模型（two-factor medol）：Mowrer的行為雙因模型結合古典制約與工具制約。他認為行為起初多由古典制約形成，後期則是受工具制約影響與維持。

❹ 模仿（modeling）及代償學習（vicarious learning）：透過觀察與模仿而來的學習，不見得都是正面的，社會工作者的行為也可能是服務使用者觀察模仿的對象。

❺ 理情治療（RET, Rational-Emotive Therapy）：藉由理性思考釐清情緒與非理性，導出行為修正策略。

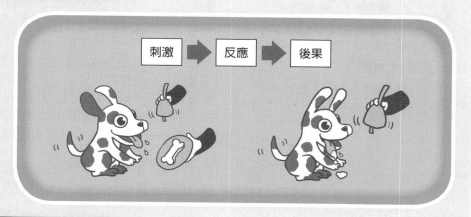

古典制約

刺激 ➡ 反應 ➡ 後果

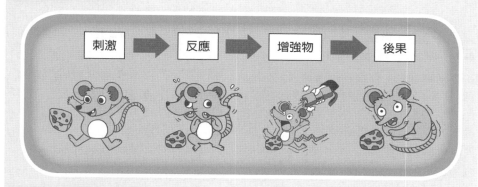

工具制約

刺激 ➡ 反應 ➡ 增強物 ➡ 後果

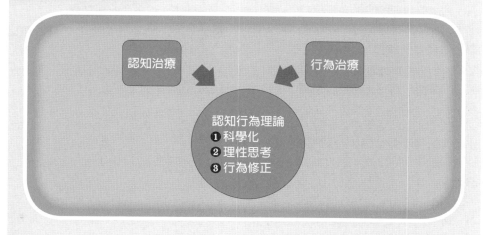

認知行為理論

認知治療 ➡ ⬅ 行為治療

認知行為理論
❶ 科學化
❷ 理性思考
❸ 行為修正

短期介入取向（一）──任務中心取向

圖解社會工作

（一）時代潮流

1960年代的美國，Reid和Epstein提倡任務中心社會工作取向，1972年兩人合著《任務中心個案工作（*Task-centred casework*）》。這一個時期社會工作者服務的對象比早期更爲多元，需求也有更大的差異性，因此短期、聚焦的個案工作方法成爲潮流。任務中心取向也受20世紀初Perlman問題解決學派的影響，相信改變現況比釐清感覺重要。

（二）重要概念

❶ 有時限的短期個案工作

任務中心的工作取向用短期（約12週）的時間，密集地投入改變現況的工作目標。這一個實務取向主張有時限的個案工作方法，較無限期的介入方式更能聚焦、有效率。

❷ 現實原則（reality principle）

任務中心取向的作法不深入討論個人問題的起源和發展，而是探索問題的定義，列出解決問題的阻力和助力，以尋求達成任務的資源並排除障礙。

❸ 同意與合作模式

任務的界定需要社會工作者與服務對象一同釐清，因此任務中心強調合作的夥伴關係。當第一次界定的任務無法達成，或是在工作過程中有疑慮，社會工作者與服務使用者雙方一樣需要取得共識，修正工作的目標。

❹ 標的

服務使用者所面臨的問題可能有人際與社會的衝突，例如家庭糾紛；與組織或機構關係不協調，例如中輟少年；階段性決策的困難；角色失功能或資源缺乏等，即是任務的標的。標的需要是可達成、具體且短期的，若有數個標的，則標的之間需要排列出優先順序，讓前面順位的標的成爲後面順位的「踏腳石（stepping stones）」。分解的任務還具有一項優點，讓遙不可及的目標變得具體化，且可完成。

（三）理論的實施

任務中心所設計的介入方案，包括10次左右的會談及清晰的活動內容，活動的目的是逐次檢視任務達成的情況，其工作程序爲：

❶ 澄清問題，定義雙方同意的任務。

❷ 簽訂工作契約，在介入過程中作爲工作的依據，並隨時依情況修改。

❸ 分析標的問題的助力與阻力，釐清應尋求的資源和需排除的障礙。

❹ 訂出因應標的問題的任務，並排訂先後順序。

❺ 工作過程中藉著細項任務的達成，激發服務對象的改變動機。

❻ 結束服務時，爲服務對象訂定新階段的任務。

重要概念

有時限的短期個案報告 ➡️ 服務對象需求的多元化與複雜度，使社會工作不再專注於鑽研「感覺」，轉向強調有步驟、有期限地達成任務。

現實原則 ➡️ 探索問題的定義，列出解決問題能力。

同意與合作模式 ➡️ 任務中心取向建立於服務對象與社會工作者有共識的合作關係上。

標的 ➡️ 是可達成、具體且短期的。若有數個，需排先後順序。

理論的實施

 澄清問題／定義任務 ➡️ 簽訂工作契約 ➡️ 分析助力與阻力／釐清資源和障礙

 ➡️ 訂出因應任務／排訂順序 ➡️ 藉由達成任務激發改變動機 ➡️ 訂定新任務

UNIT 4-7
短期介入取向（二）──危機介入取向
(Crisis Intervention)

圖解社會工作

（一）時代潮流

危機（crisis）是指「危險」與「機會」並存，因此有困難、轉機、關鍵的意義。1942年美國椰林俱樂部（Coconut Grove）發生大火，439人喪生，之後Lindemann與Caplan於1946年開始進行倖存者與遺屬的悲傷心理過程反應研究，使1960年代以後危機介入取向在社會工作領域迅速發展。危機介入取向藉心理學、社會學、自我心理學等知識架構，介入的目的以預防多於治療。

（二）重要概念

❶ 危機的類型

Caplan將危機區分為兩類，一是「發展性危機（development crisis）」，因生命歷程階段性任務衍生的危機，諸如結婚、退休等；另外則是「意外性危機（accidental crisis）」，即無法預期發生的事件，如火災、車禍、喪親等。

❷ 危機的內涵

(1)個人、組織或家庭面臨危機時，若無法用慣有的因應方式處理，會陷入脆弱的身心狀態。

(2)危機中的緊張與壓力反應，非個人的病態，而是壓力因應的正常反應。

(3)危機應在6至8週左右獲得解決，並且讓個人從中整合經驗、學習與成長。個人擁有越多危機處理的經驗，越能有效抗衡未來發生的危機。

(4)危機中的個人比非處於危機中者更願意接受協助，介入的成效越顯著。

❸ 危機的發展階段

(1)衝擊期（impact phase）：個人可能感到沮喪、憂鬱、焦慮，個人或其生活環境、相關人士的影響決定危機產生的衝擊。

(2)應變期（coping phase）：採取慣用的策略因應，此時期危機中的個人可能有較為開放的態度尋求協助，但也可能否認危機的發生。

(3)解決期（resolution phase）：新或舊的因應策略有效處理危機事件，個人恢復身心平衡、掌握危機的發展，並且能夠重新賦予危機意義。

(4)適應期（adaptation phase）：危機時期結束，危機帶來的經驗整合成個人的因應能力，內化為其人格特質的一部分。

（三）理論的實施

危機介入應以6至8週為時限，即時處理服務使用者所處的危機事件，訂定有限的目標。其工作應包含7個階段：

❶ 評估危機對服務對象與其相關環境的風險，包含安全性評估。

❷ 建立關係，並針對危機介入的過程適度溝通。

❸ 指認介入的主要問題。

❹ 處理服務對象的內在感受，並提供支持。

❺ 討論多元的可能因應策略及備用方案。

❻ 訂定介入工作計畫。

❼ 執行完畢，結束並追蹤介入成效。

危機的類型

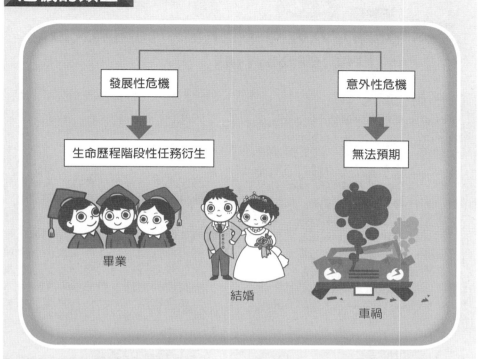

發展性危機 ──── 意外性危機

生命歷程階段性任務衍生 ──── 無法預期

畢業

結婚

車禍

危機的發展與影響

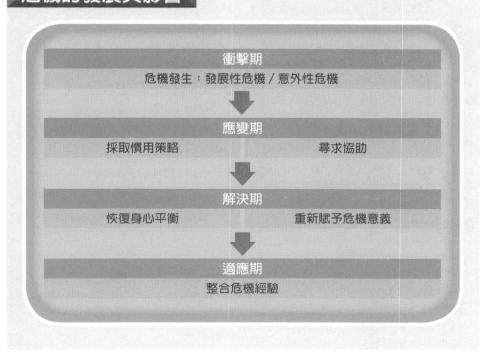

衝擊期
危機發生：發展性危機 / 意外性危機

應變期
採取慣用策略　　　　尋求協助

解決期
恢復身心平衡　　　　重新賦予危機意義

適應期
整合危機經驗

UNIT **4-8**
短期介入取向（三）──問題解決取向（Problem-Solving）

圖解社會工作

（一）時代潮流

　　以Perlman所提的4P──一個人（person）、一個問題（problem）、一個地方（place）及一個工作過程（process）為理論核心要素的問題解決學派，也是20世紀中期對重視追本溯源心理社會診斷的精神分析學派，所使用之長期介入方案的反動。1946年Alexander與Frenchlexander出版書籍，論述心理分析論運用至短期介入方案，並評論長期治療的精神分析學派耗時過久、成本過高、核心需求不斷改變、專業權威過重等缺點，推廣介紹短期介入的取向。

（二）重要概念

❶ 有限的標的：問題解決取向會在5或6次45分鐘左右的會談中改變工作目標，重視在工作的一開始就能制訂整個改變計畫。因此服務使用者所提出的問題與抱怨（complaint）必須是具體、可改變的。

❷ 服務使用者的優勢：問題解決取向與其他短期介入取向一般，將社會工作者與服務使用者視為夥伴關係，主張平等主義。因此服務對象被視為有能力與有資源解決、回應自己所抱怨的問題，專業人員的角色增強並引導問題解決的能量。

❸ 問題的使用：「神奇問題（miracle problem）」與「量尺問題（scaling problem）」是問題解決取向中常使用的技巧。「神奇問題」是問題解決焦點簡易治療（SFBT, solution-focused brief therapy）裡著名的技巧，讓服務對象假設一覺醒來奇蹟發生，藉此設想問題的解套方式，

以及將看待問題的觀點放至未來；「量尺問題」則是使問題更為精確的技巧，讓服務使用者將問題從1到10來區分已被解決的程度，並以家庭作業（homework）的方式，讓服務使用者在每一次會談一開始就有機會回想生活中任何讓問題改善的事件。

❹ 未來取向：問題解決取向樂觀、積極正向且看重當下與未來，鼓勵服務對象發掘自己的優勢，並激發解決問題的潛能，對於社會工作者本身與服務使用者都具有正面的影響力。

（三）理論的實施

　　問題解決取向用簡明清楚的工作模式，試圖解決服務使用者在社會功能、社會角色與任務或人際關係層面上所遭遇的困難：

❶ 接案階段
　(1)問題的澄清與了解
　(2)問題與目標設定
　(3)釐清問題實際因素與環境限制

❷ 工作階段
　(1)評估能力與資源
　(2)形成工作計畫
　(3)診斷與預估（assessment）問題解決的成效

❸ 介入階段
　(1)執行工作計畫
　(2)評鑑（evaluation）問題解決的成效

❹ 結案

問題解決取向要素

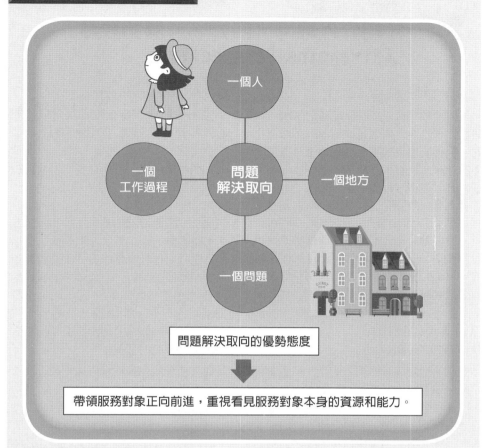

一個人

一個
工作過程

問題
解決取向

一個地方

一個問題

問題解決取向的優勢態度

帶領服務對象正向前進,重視看見服務對象本身的資源和能力。

介入取向比較

介入取向	短期	長期
介入時期	有限次數的會談,或6至8週/3個月左右的時限。	未限制時間。
工作標的	具體、當下問題的解決,例如:資源的缺乏、人際的阻礙等。	服務使用者個人歷史的釐清,與個人特質的改變。
專業關係	協力關係,服務使用者應具有動機與資源。	社會工作者為主導者、專家。

UNIT 4-9
短期介入取向（四）──優勢觀點
(Strengths Perspective)

（一）時代潮流

短期治療學派對於夥伴關係的崇尚，建立社會工作者與服務使用者對話的空間，服務使用者的需求被視為是社會建構的過程，社會工作介入的過程就是一套「意義製造（meaning-making）」的社會互動。更早之前的雅當斯也從睦鄰之家的工作經驗裡，體驗民主的可貴，發現動員個人的力量是改變最直接有效的途徑。於是，塑造正向工作環境、用正向態度和語言來影響服務對象的優勢觀點，在1980年代成型。

（二）重要概念

❶ 復原力（resilience）

相較於20世紀前半段著重追溯過去的助人取向，20世紀後半段的社會工作理論將眼光放向未來，以復原取代缺陷（deficit）的取向。相信個人具備能量可以從失敗、創傷中恢復，並藉此獲得更強韌的危機因應能力。

❷ 自我治療（self-healing）

優勢觀點假設服務使用者是最了解自身需求的人，因此知道如何自我療癒並達到更佳的生活品質。

❸ 問題框架（problem frame）與可能性框架（possibility frame）

社會工作者可以藉由正向的語言，引導服務對象將事件從問題的框架轉化為可能性的框架，Saleebey以倖存的發問、例外的發問、可能性的發問、自尊的發問，四種問題激發服務對象內在成功的經驗，與提升自我價值。

❹ 充權（empowerment）

優勢觀點將服務使用者視為自己問題的專家、肯定人的多樣化，因此將工作的焦點擺在服務對象的優勢、強項上，則可以內化、建立自我的形象與能量，達到自我改變的成效。

（三）理論的實施

優勢觀點的介入方法充滿樂觀、積極的焦點，並讓社會工作者的服務對象不再是被動的受助者，而是協力的服務使用者。在優勢觀點的介入之下，可發掘個人內外在、家庭或社區的多元資源。但是優勢觀點的運用也必須注意與避免陷入下列的情況：

❶ 流於形式化的正向思考，缺乏現實考量。

❷ 僅限於表淺層面的再框架（reframing），無法提出具體的策略。

❸ 盲目的樂天派，太強調抽象的個人認知改變，忽視環境因素的影響。

❹ 多元的接納種族、性別、文化與宗教是基本態度，但在科學的觀點上則可能因為無法過於強調接納而辨別優劣，無從依據來擬定改善方式的缺點。

緣起

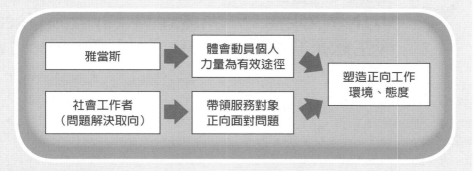

雅當斯 ➡ 體會動員個人
力量為有效途徑 ➡ 塑造正向工作
環境、態度

社會工作者
（問題解決取向） ➡ 帶領服務對象
正向面對問題

重要概念

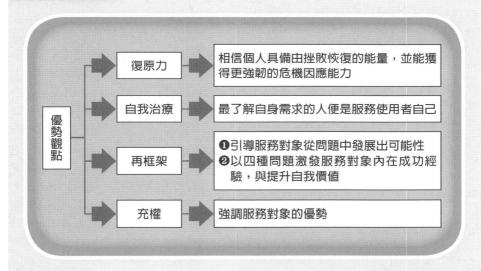

優勢觀點

復原力 ➡ 相信個人具備由挫敗恢復的能量，並能獲
得更強韌的危機因應能力

自我治療 ➡ 最了解自身需求的人便是服務使用者自己

再框架 ➡ ❶引導服務對象從問題中發展出可能性
❷以四種問題激發服務對象內在成功經
驗，與提升自我價值

充權 ➡ 強調服務對象的優勢

問題

避免優勢觀點成為流於
形式的正向思考

⬇

忽略環境現實是優勢觀
點應避免的負面效果

UNIT **4-10**
中介理論架構——系統理論（System Theory）與生態系統觀點（Ecological Perspectives）

（一）時代潮流

優勢觀點將問題解決的觀點從個人延伸到環境裡的助力和阻力，因此服務使用者面對的問題不再是單純的個人責任，短期介入與優勢觀點的未來取向引導社會工作者開發更多環境資源，也就是資產導向的途徑（asset-oriented approach）。社會工作者將助人的標的和關心的議題擴大，1971年Bertalanffy藉一般系統理論（general system theory），提出「人在情境中（person in situation）」觀點的系統理論。

約莫同時，美國心理學家Bronfenbrenner發表《人類行為生態學（*The Ecology of Human Behavior*）》，借用生態系統觀點中生態轉變（ecological transition）、交互調適（reciprocal adaptation）及層級與巢狀構造（hierarchical and nested structures）的概念，發展出生態系統觀點。

（二）重要概念

❶ 系統的概念

(1)系統的類型：系統可分為封閉系統和開放系統，是依其界線（boundaries）的屬性區分。系統理論中最關鍵的觀點即是「整體大於部分的總和」。系統的整體（holon）與各個次系統（subsystems）之間具有交互（reciprocal）與協力（synergy）的關係。

(2)系統的運作：系統運作的回饋環（feedback loop）是由輸入（input）、生產（throughout）、輸出（output）、回饋（feedback）四個過程組成。平衡的系統運作得以維持生存（negentropy）狀態；反之，則會趨於滅亡（entropy）。

(3)恆定（homeostasis）：系統平衡的維持是維護回饋環正常運作。

❷ 生態系統觀點

(1)生活模式（life model）：個人在生活中的努力是為了與環境取得和諧，個人特質與環境的互動形塑行為特徵，為生活模式來源。

(2)適配性（person-environment fit）：個人與環境調適良好，能發揮社會功能、達成身心平衡。

(3)層級與巢狀構造（hierarchical and nested structures）：生態系統應包含四個層級——微視（micro）系統、居中（mezzo）系統、外部（exo）系統及鉅視（macro）系統。分別指個人及其直接接觸的環境（如家庭）；個人發展中鄰近的組織（如學校、企業、教會、鄰里組織等）；個人未直接參與，但具有關聯的組織層次（如政府部門、社會制度等）；以及最廣泛的社會、政治、文化及種族環境。

（三）理論的實施

生態圖（eco-map）：系統與生態著重介入的觀點，透過生態的評量（ecological assessment）來界定環境轉變所帶來的壓力事件，以及對個人在其中失功能的影響，也就是以多面向的觀點辨識「生活轉變（life transitions）」。

系統理論的運作

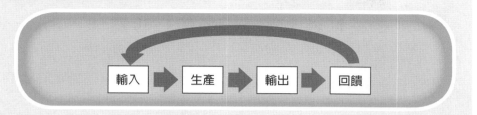

理論層級與巢狀構造

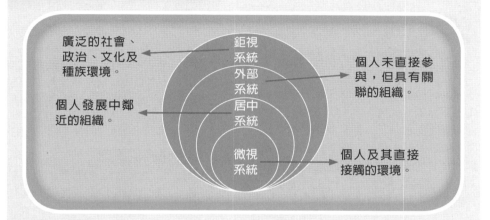

廣泛的社會、政治、文化及種族環境。

個人發展中鄰近的組織。

鉅視系統

外部系統

居中系統

微視系統

個人未直接參與,但具有關聯的組織。

個人及其直接接觸的環境。

生態圖範例

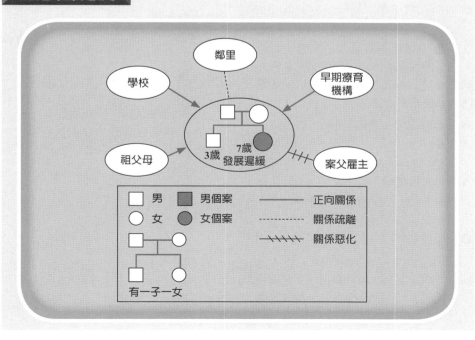

學校

鄰里

早期療育機構

祖父母

3歲

7歲
發展遲緩

案父雇主

□ 男	■ 男個案	—— 正向關係
○ 女	● 女個案	------- 關係疏離

—/////— 關係惡化

有一子一女

第 **4** 章 社會工作理論

UNIT 4-11
基變社會工作 (Radical Social Work)

(一) 時代潮流

19世紀的社會個案工作者擁護「成因」的探究,因此社會工作者彷彿社會秩序與社會控制的執行者。然而社會工作的初衷仍具有社會改革的成分,1960年代以後,資本主義盛行創造之社會價值所引發的副作用被社會學家嚴加指控,稱爲「剝削」,馬克斯主義就是這個時代反動思潮的主導者。

社會工作者在這股思潮之中不得不反思照顧與控制的角色,專業賦予社會工作者「照顧」的責任,但「控制」的成分如影隨形,社會資源分配顯然偏重於需要控制的社會秩序破壞者,甚於因結構弱化其功能的需要照顧者。基變社會工作在這樣的思潮之下,於1970年代達到顛峰。

(二) 重要概念

❶ 結構社會工作 (structure social work)

結構主義企圖跨越人道主義,以個人爲主體的介入方針,將切入點放在結構的層次,集結超越個人力量的結構變遷,解決個人的議題。

❷ 進步觀點 (progressive) 的馬克斯主義

基變社會工作是屬於馬克斯主義分支中的進步觀點,將社會工作視爲積極變遷的媒介,站在相對於資本家的勞工階級立場,以尋求改變的途徑。

❸ 社會控制

基變社會工作將傳統個案工作「以個人爲問題核心」的觀點視爲「責備受害者 (blame the victim)」,社會問題的私有化是社會控制的手段,在資本主義下的社會工作,將與結構同樣具有壓迫與剝削的本質。

❹ 批判 (critical)

爲了反壓迫和剝削,基變社會工作強調集體行動、個人議題公共化,並以批判的觀點分析、突破制度的限制。

❺ 反專業主義

基變社會工作者應對於專業的權威十足敏感,主張相較那些依附於專業結盟的團體,反不如與服務對象集結,形成行動的力量。

(三) 理論的實施

❶ 結構分析:常態化與集體化服務使用者的個人問題,找到與他人之間的共通性,釐清個人受環境結構影響的層面,透過集體行動的方式解決。

❷ 覺醒 (consciousness):喚醒服務使用者的自我意識,激發個人改變的動力。

❸ 傅克 (Fook) 的多元系統介入模式:介入的系統層次,包含服務對象的自我覺察、科層體制、平等的專業關係爲媒介、介入過程中提供社會教育以充權個人力量,以及動員社會資源。

思潮

馬克斯主義 → 主導反動思潮 → 促使在資本主義下發起的社會工作專業，思考社會控制與改革的雙重角色。

要素

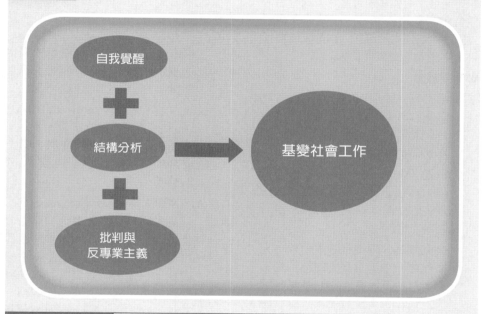

自我覺醒

＋

結構分析 → 基變社會工作

＋

批判與反專業主義

社會控制

社會問題私有化是社會控制的手段。社會工作者扶持受害者，協助解除其身上的道德、結構枷鎖。

UNIT 4-12
充權社會工作與反壓迫實務

圖解社會工作

（一）充權社會工作（Empowerment Social Work）

❶ 時代潮流

1970年代基變社會工作和批判的觀點將社會工作者的角色由「施恩者」轉化為「解放者」，社會工作者倡導與使能的功能更加突顯。配合當時美國有色人種公民運動的精神，1980年代充權社會工作大量運用於弱勢人口群，成為社會工作介入方法的新血。

❷ 重要概念

(1)權力：充權取向的社會工作者先意識到權力的存在；進一步透過行動計畫灌輸給服務對象權力，以發展更有自我掌控力的個人。

(2)自覺（self-awareness）與意識覺醒：充權即是引發並增強個人內外在的能量，因此「意願」占有關鍵的角色。

(3)長處觀點：與優勢觀點一般，充權社會工作重視個人的個別性，介入以「可能性」為立基點，解決方案以未來為考量，將服務使用者視為個人問題的專家。

❸ 理論的實施

充權的介入技巧應包含：(1)協力的關係。(2)去專業主義，分享權力。(3)接納多元，並鼓勵服務對象指認自身具備的優勢。(4)變遷標的包含服務對象及其環境。(5)促成自助自立。

（二）反壓迫（Anti-oppressive）實務

❶ 時代潮流

「個人即是政治」將社會結構與個人經驗連結，成為批判社會工作的先鋒。同時，1960年代起馬克斯主義、女性主義、結構主義、後現代主義等批判社會學理論也影響社會工作實務的走向——反壓迫實務於焉而生。

❷ 重要概念

(1)種族主義（racism）：根源於美國的社會工作，「種族」必然是一個重要的議題，「同化（assimilation）」的經驗在種族文化的變遷中無所不在，但非主流文化會被主流文化所吸收、取代。

(2)多元文化主義（multiculturalism）：相對於種族主義，多元文化主義尊重文化間的差異，給予寬容的接納與察覺其壓迫經驗的敏感度。

(3)後結構主義（post-structuralism）：結構主義以經濟、政治的觀點分析社會不平等，後結構主義者則是保留結構主義對權力關係的關注，加入將語言與其意義的流動性視為影響權力關係的觀點。

(4)充權與倡導：弱勢的個人或團體若能經驗具有主導權、掌控權的決策與行動過程，則能從中重拾權力感與能力感，這便是充權的過程。充權即是為服務對象的需求尋求發聲（voice）與出口（exit）。

❸ 理論的實施

反壓迫的社會工作是一種以關係為基礎的社會工作實務取向，社會工作者一方面負擔照顧、治療、控制與改變的任務，屬於社會結構與制度的一環；另一方面必須同理、尊重、倡導服務使用者的經驗和權益。

充權社會工作

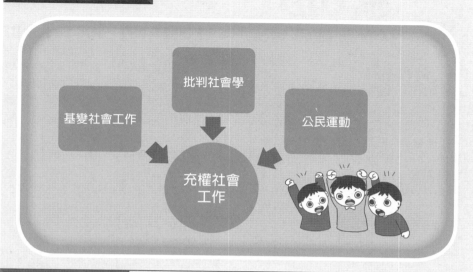

- 批判社會學
- 基變社會工作
- 公民運動
- 充權社會工作

反壓迫實務

反壓迫實務

- 對於種族、性別、文化與階級等權力有敏感的覺知。
- 為弱勢的個人、團體尋求發聲管道。
- 以關係為基礎的工作實務取向。
- 社會工作者負擔照顧、治療、控制與改變任務；且須同理、尊重使用者的經驗和權益。

UNIT 4-13
女性主義社會工作（Feminist Social Work）

圖解社會工作

（一）時代潮流

　　基變社會工作將批判與反歧視帶進社會工作實務，於是主張「個人即是政治」的女性主義社會工作跟隨其腳步，在社會工作理論的思潮裡大張改革的旗鼓。19世紀初，世界各地的婦女選舉權運動是女性主義最早的發源，至1960年代女性主義成形，80年代初發展更趨成熟，以意識覺醒爲倡導途徑，集體運動爲行動方針。

（二）重要概念

❶女性主義的分支：女性主義社會工作者覺察到社會工作是一個偏女性化的專業，不只專業人員多數爲女性，服務對象亦然。而其專業強調的照顧、同理、支持等特質，也都較符合女性接受的社會期待。因此社會工作者將女性的經驗公共化，運用女性主義的思想觀點於社會工作實務中，其中最爲盛行的觀點如下：

(1)自由女性主義（liberal/gradualism），或稱漸進女性主義。將兩性的經驗差異視爲性別差異（gender different），因此透過改變制度、立法的過程，能夠引發兩性關係的變遷。

(2)基變女性主義（radical/separatism），或稱分離主義。基本的假設認爲兩性的不平等來自於父權（patriarchy）的權力控制，女性是受控制者、權力弱勢及被壓迫者，兩性平等的追求應推翻男性的父權，建立屬於女性的社會結構。

(3)社會主義女性主義（socialist/activism），或稱行動主義。是以馬克斯的社會主義爲基礎，將女性視爲私部門無給薪的生產者／再生產者，儘管支撐維持社會的生產活動，卻因處於私部門而受男性建構的公共制度控制。因此以男性爲主的資本主義是壓迫者，性別的議題即是階級的議題，應透過解放、解構現有社會關係來改善。

(4)其他包含黑人女性主義（Black Feminism）、文化女性主義（Cultural Feminism）、後現代女性主義（Postmodernist Feminism）以及婦女主義（Womenism）等。

❷個人即是政治：女性的受苦經驗並非個人議題，而是社會與政治結構的結果，因此在意識覺醒後的集體行動可以改變社會權力的分配，進而改善弱勢一方的社會處境。

❸集體解決：承上，女性主義的社會工作以團體爲工作核心方法，其原因之一是透過分享經驗讓個人頓悟，並獲得支持，這便是脈絡化（contextualization）的過程；其二，則是集體的行動增加改變或參與決策的機會。因此女性主義社會工作也是「充權」的社會工作取向。

（三）理論的實施

　　女性主義社會工作的實施重視專業的「責信（accountabilities）」，責信的對象包含服務使用者——女性，社會工作者必須具備足夠的性別敏感度，並且理解女性的生活經驗；其次則是專業的責信，將社會工作視爲一門「女性的專業」，推翻男性中心的觀點，以建立女性中心觀點的方式，重建女性與周遭男性的平等關係；最後是對反歧視、反壓迫實務的責信，女性主義社會工作者不深入追究女性個人的行爲導致的問題本質，而是強調以社會脈絡爲基礎，現存於實務中的壓迫意涵。

女性主義

社會工作的專業人員與服務對象多為女性，其專業特質也較符合社會對女性的期待。

將女性的個人經驗擺放到社會與政治結構的層面看待。

注重集體解決，以團體為工作的核心方法。

女性主義將個人的經驗脈絡化、集體化。

理論的實施

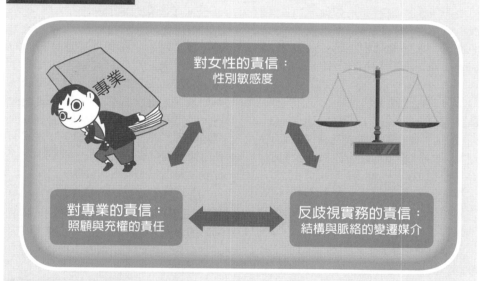

對女性的責信：性別敏感度

對專業的責信：照顧與充權的責任

反歧視實務的責信：結構與脈絡的變遷媒介

盛行觀點

女性主義	自由女性主義	透過改變制度和立法
	基變女性主義	期望推翻男性父權
	社會主義女性主義	透過解放、解構現有社會關係來改善

UNIT 4-14
後現代主義（Postmodernism）觀點

（一）時代潮流

1990年代，文學批評、心理分析、社會學、政治學等學門，紛紛以解構的後現代主義重建知識體系。如果19世紀末的現代主義所體現的現代性是科學的、客觀的、具體的、理性的；那麼後現代主義就是分離的、意識化的、差異的及多元的。20世紀社會環境變遷的因素與日俱增且分歧，生活經驗的個別差異和引起變異的因子越來越難掌握與預估，社會工作者面臨的服務對象和他們帶來的議題亦是如此，因此重視不確定性的後現代思潮進入社會工作實務，秩序與結構瓦解，「重組」（reframe）是當代社會工作的課題。

（二）重要概念

❶ 論述（discourse）和對話（dialogue）：後現代主義社會工作看重語言的影響和功能，語言是流動且具有權力的，因此透過社會工作者與服務對象的對話，能夠建構／再建構事實的本質，並讓服務對象有機會重組自我認同是尋找並建立對生活、事物權力感的一種途徑。

❷ 夥伴關係（partnership）：因為語言的重要性，後現代主義的工作主體是服務使用者，社會工作者必須透過語言的使用與其建立對等、夥伴的關係。

❸ 脈絡（context）、解構（deconstruction）與詮釋：相對於現代主義裡清晰、唯一的理性標準，後現代主義的脈絡是隨時變遷的，透過質疑、批判和詮釋，脈絡與事實可一再重組，重組的目的則是在釐清工作的目標、界定事件的意義和服務使用者的價值，藉此尋求社會工作者與服務對象間的共識。

❹ 建構論（constructionism）：後現代主義顛覆現代主義裡對科學與真理的信仰，反其道主張事物與現象的不確定性、多變性，因此在後現代的觀點裡，社會情境是建構出的「事實」，可以藉由觀念與態度的引導而轉變。

（三）理論的實施

如同充權的社會工作取向，後現代主義社會工作是一種態度甚於技巧的理論學派，因此落實於社會工作實務中時，必然需要謹慎運用，避免流於玩弄語言、過度強調個人思想與認知改變，而僅限於社會工作者與服務對象的相互取暖，或是扭曲為社會工作者將服務對象帶離現實情境的短暫催眠，失去改變具體作為的動機與機會。

社會工作者可以引導服務對象跳脫生活既定的框架，思考現有的問題，用質疑的態度檢視囿於現況根本的理由，但若沒有更積極的建議或改善措施，則後現代主義的運用則流於為彼此打一劑嗎啡，僅麻痺現實生活的困境；再者，理性客觀的生活條件雖有限制，卻是大部分人必然面對的現實，社會工作者應在體會此處境的前提下，陪伴服務對象思考其他可能性，免得將改變責任加諸於弱勢個人，落入「責備受害者」的圈套中。

重要概念與實施

論述和對話 ➡ 透過對話方式,幫助服務對象重新建立對自我的認同感,以及對周遭事物的權力感。

夥伴關係 ➡ 和服務使用者的關係是建立在對等的層面,如同夥伴。

脈絡/結構與詮釋 ➡ 透過一再重組的脈絡,產生更清楚的界定與共識。

建構論 ➡ 社會情境是建構出的「事實」,可藉由觀念與態度的引導而改變

後現代主義重組社會事實的意義。

後現代社會工作解構社會事實,為弱勢者建構新的社會氛圍。

社會工作者引導服務對象跳脫既定框架,思考現有問題。

後現代主義社會工作是一種態度甚於技巧的理論學派。

社會

第 **5** 章
個人的社會工作實施

章節體系架構

UNIT **5-1**
個人的社會工作實施之定義

圖解社會工作

　　慈善事業的友善訪視，是最初社會工作實施方法——個案工作——的起源，是微觀層面的社會工作方法，常被視為社會工作三大工作方法（個案工作、團體工作及社區工作合稱為社會工作三大工作方法）之一。

　　傳統的社會個案工作以個人為服務對象，社會工作者運用社會資源解決個人與家庭的關係，尤其以解決個人所遭遇的人際困境為主。然而至1970年代的美國，系統的觀點主導社會工作實務實施的走向，微視觀點的社會個案工作被質疑是單純「社會品德預防」的工作，「臨床社會工作」或「個人為對象的社會工作實施（social work practice with individual）」取代原先個案工作的概念。

　　Barker（1994）的社會工作辭典第四版將個案工作（case work）／社會個案工作（social casework）定義為：

　　專業社會工作者藉著直接面對面的專業關係，以心理社會、行為及系統等取向、價值與實務模式，轉化為實施技巧，幫助個人或家庭解決內在心理、人際、社會經濟與環境的問題。經常與臨床社會工作（clinical social work）視為同義詞。

　　另外，依據NASW的定義，臨床社會工作應是：

　　以增進與維持個人、家庭及小團體的心理社會功能為目標。臨床社會工作實務是應用社會工作理論及方法，對遭受心理社會失功能、身心障礙、傷害，包含情緒和精神失常者，加以治療及預防的一門專業，建立在心理社會學派的人類行為理論知識上。「人在情境中（person-in-situation）」是臨床社會工作實務的中心觀點，其工作內涵包括人際的互動、內在心理動力、生命安全與管理等議題，以評估、診斷、治療提供直接介入。

　　因此以個人為對象的社會工作演進至今應有下列特質：

❶ 以心理社會觀點和人類行為知識為架構。

　　心理學、社會學、人類行為和社會環境等相關知識，是以個人為對象的社會工作知識基礎及實施介入的參考架構。

❷ 小單位的社會個體，如個人及家庭，為其服務介入的對象。

　　以個人為對象的社會工作，顧名思義是實施範圍較小的工作方法，工作的焦點與核心議題仍以個人或其所屬的家庭為主軸。

❸ 關注焦點為個體的社會人際關係，並以「人在情境中（person-in-situation）」的觀點實施介入。

　　雖以「個人」為工作核心，但以個人為對象的社會工作卻不能忽略與脫離社會脈絡，以「人在情境中」的觀點分析與介入是實務的基本價值。

❹ 包含一套連貫的實施過程。

　　社會工作的實施具有動態、持續的特點，時間與事件是社會工作者在與個人工作時，應時時關注的面向。

傳統社會個案工作

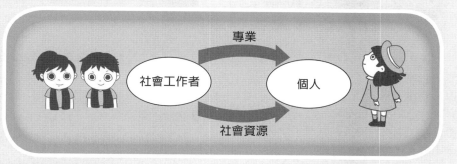

社會工作者 —專業→ 個人
個人 —社會資源→ 社會工作者

臨床社會工作

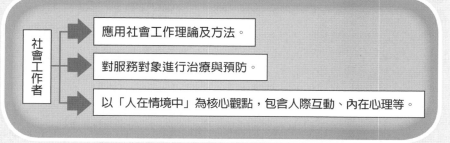

社會工作者
- 應用社會工作理論及方法。
- 對服務對象進行治療與預防。
- 以「人在情境中」為核心觀點，包含人際互動、內在心理等。

實施的特質

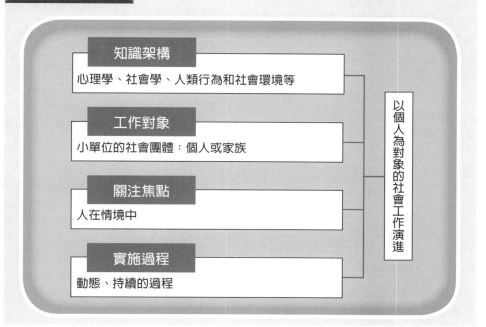

知識架構
心理學、社會學、人類行為和社會環境等

工作對象
小單位的社會團體：個人或家族

關注焦點
人在情境中

實施過程
動態、持續的過程

以個人為對象的社會工作演進

UNIT **5-2**
助人的專業與專業關係

圖解社會工作

社會工作是一門以關係為基礎的專業，專業關係在社會工作介入的過程中不僅僅是改變和影響服務對象的媒介，也是影響互動品質和介入成效的因素。在以個人為對象的社會工作專業關係中含有三種內涵的互動：

❶ 服務對象對社會工作者的互動。

❷ 社會工作者對服務對象的互動。

❸ 服務對象對社會工作者的回應。

社會工作的服務對象帶著自己的問題與困境來到（或被迫來到）社會工作者面前，在陳述、表達問題與困境的本質時，同時也在觀察、試探社會工作者的反應、態度和價值觀，因此第一層次的互動帶有猶疑不定的情緒和感受在內；而社會工作者必須以包容、接納的態度理解與同理服務對象的困難，並且表達出對於個人獨特的經驗、想法與對問題詮釋的尊重，這是建立專業關係的第一步；在此前提之下，服務對象決定開放多大程度的自我與社會工作者一起解決問題，影響後續介入計畫能否有效地達成目標。

相對於一般人際互動，專業關係是有目的地與服務對象互動，藉此進行社會工作實施的途徑，而建立專業關係應有的七大原則：

❶ 個別化

社會工作者對於服務的人口群應有一定的認識，並具備觀察和審慎的思考能力，以彈性、獨特的方式釐清服務對象的問題主述。

❷ 有目的的情感表達

工作過程中的情感表達是為了達成緩解壓力、抒發情緒或反思對事件感受等目的，因此社會工作者可透過同理與自我揭露的技巧，引導服務使用者將情感的表達結構化、具體化。

❸ 適度的情感介入

除了服務使用者的情感表露，社會工作者自身的經驗和感受在工作過程中也是一項媒介，社會工作者有時藉著分享自己過去的經驗引起共鳴；或是揭露內在的感受，對服務對象的行為或反應做出回應、提醒。

❹ 接納

接納的價值觀則是社會工作的基本原則，也是建立關係的第一步。

❺ 中立而不批判

而接納的基本態度就是中立且不批評的表達，社會工作者並非服務對象與其周遭相關人士的裁判者，因此無需對其問題做出是非判斷。在社會工作的專業關係中，價值應是由服務使用者和社會工作者共同釐清出來。

❻ 服務使用者自我抉擇

「案主自決」是社會工作者琅琅上口的信條，然而自決必須建立在有充分資訊、充足判斷的情況之下。因此社會工作者不應以案主自決規避服務介入的責任。

❼ 保密

保密是社會工作者首要的專業倫理，但Biestek提醒社會工作者，當權利衝突時，保密的原則應有所考量，例如當保密與服務使用者、社會工作者、組織或他人，甚至社會整體的權益有所衝突時，保密原則就得視情況而定。

專業關係互動

社會工作者 ← 互動 服務使用者
社會工作者 → 互動 → 服務使用者
回應

個人化的服務關係

保密的承諾

有目的的情感表達

助人關係中的互動
❶ 服務使用者→社會工作者
❷ 社會工作者→服務使用者
❸ 服務使用者回應社會工作者

使用者處決

適度的情感介入

中立而不批判的態度

接納的價值觀

專業關係原則

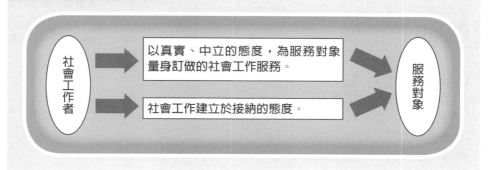

社會工作者 → 以真實、中立的態度，為服務對象量身訂做的社會工作服務。 → 服務對象

社會工作者 → 社會工作建立於接納的態度。 → 服務對象

UNIT 5-3
個人的社會工作實施過程

圖解社會工作

最早的社會工作以診斷（diagnosis）作爲介入的開端，然而隨著精神分析洪流的式微，評估（或稱預估assessment）取代診斷的概念。

社會個案工作的實施應有的服務流程從接案到結案，大致可分爲五個階段：

（一）申請與接案（intake）

這是資料蒐集的階段，社會工作者可以透過服務對象直接的口語表達，或會談時觀察到的肢體語言訊息獲得資訊；此外則是運用社會工作者任職機構自備的接案表格文件，例如會談紀錄表單、個人資料表等，或是已發展且被廣爲運用的量表、測驗，例如憂鬱量表、簡易心智量表等。另外，家庭訪視也是開案時資料蒐集的重要來源，社會工作者可以藉著接觸服務使用者的生活環境與重要他人，實地觀察服務對象的生活條件與人際特質。

（二）評估

社會工作的評估必須有多元的觀點，以人在情境中的基礎分析環境脈絡，從個人、家庭、環境與社區等層面了解問題的本質。而評估也必須動態進行，就是在整個介入過程中，隨時檢視評估資訊的完整性與適切程度，據此調整介入的計畫和目標。

（三）規劃並訂定介入（intervention）計畫

評估過後則是進入介入的階段，首先必須審愼地規劃介入的行動方案。介入計畫必定是社會工作者與服務對象討論之下的共識，因爲社會工作的專業關係核心即是社會工作者與服務對象的夥伴關係，介入過程中服務對象投入與認同的程度會影響介入的成效。

（四）評鑑（evaluation）

不同於在前期工作階段所進行的「評估」，評鑑的目的是了解介入計畫是否有效、介入的目的是否正確。也就是檢驗社會工作「責信」的一環，社會工作的介入對於服務使用者、社會工作專業、所屬的機構和社會整體都應有檢視工作成效的責任，而評鑑就是透過質化與量化的指標，具體化介入方案對服務對象帶來的影響，讓服務對象、機構與社會工作者能依據指標的呈現了解整個介入計畫的價值，並作爲社會工作者往後服務的參考。

（五）結案或轉介（refer）

結案並非以一個簡單的道別作爲結束即可，而是一連串的過程。不論服務使用者是因爲個人問題獲得解決，或是因爲需求已改變而將轉至其他社會服務機構、結束服務關係等，服務使用者都可能在結案時產生正向與負向的分離情緒反應。社會工作者可以引導服務對象表達內在的感受，並將這樣的經驗整合，藉著此次的專業介入和專業關係帶給服務使用者的意義，當作帶往下一個階段任務的墊腳石。

實施五階段

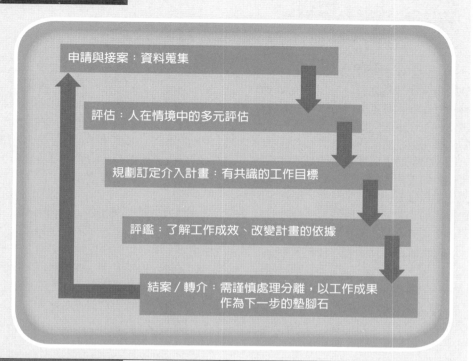

申請與接案：資料蒐集

評估：人在情境中的多元評估

規劃訂定介入計畫：有共識的工作目標

評鑑：了解工作成效、改變計畫的依據

結案／轉介：需謹慎處理分離，以工作成果
作為下一步的墊腳石

結案的處理

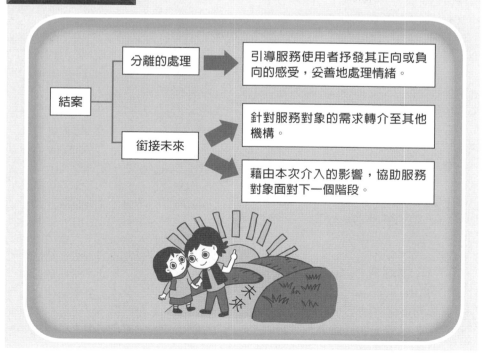

結案

分離的處理 → 引導服務使用者抒發其正向或負向的感受，妥善地處理情緒。

衝接未來 → 針對服務對象的需求轉介至其他機構。

藉由本次介入的影響，協助服務對象面對下一個階段。

UNIT 5-4
個人社會工作實施的介入技巧

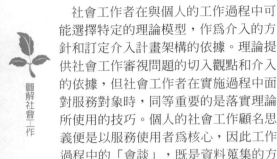

社會工作者在與個人的工作過程中可能選擇特定的理論模型，作為介入的方針和訂定介入計畫架構的依據。理論提供社會工作審視問題的切入觀點和介入的依據，但社會工作者在實施過程中面對服務對象時，同等重要的是落實理論所使用的技巧。個人的社會工作顧名思義便是以服務使用者為核心，因此工作過程中的「會談」，既是資料蒐集的方式，也是專業關係中主要的互動模式。

運用在直接服務的會談技巧，包含：

（一）同理心（empathy）

社會工作者經常以「站在他人的立場想一想（Put your feet in his／her shoes.）」來表述同理心。同理心不等於同情心（sympathy），同情心是一種憐憫、心有餘力的優越感；而同理心應是雙向、鏡面的聆聽與理解。

（二）真誠（authenticity）

即是開放與誠實的態度，社會工作者必須言語和行為一致地表達，讓服務對象感受接納的氣氛。真誠的表達方式可以透過運用下列技巧：❶使用「我」的表述取代具有針對性的「你」表述方式，❷依專業關係的進展分享不同層次的感受，❸使用客觀、中性的語詞溝通，避免批評與判斷的字眼，❹提醒、描繪情境對服務對象的影響，引導服務使用者釐清所處的困境。

（三）自我揭露（self-disclosure）

對於服務使用者而言，社會工作者的自我揭露是真誠的具體表現，自我揭露的方式包含自我投入的陳述（self-involving statement），以及個人自我表述（personal self-disclosuring）的揭露。自我投入的陳述是對於服務對象所表達的事實，誠實地抒發社會工作者個人的感受；而個人自我表述則是分享社會工作者自身的經驗。

（四）面質（confrontation）

面質必須建立在穩固、信任的專業關係之上，用於當服務使用者出現表達不一致（包含口語表達、肢體語言、行為不一致，前後的資訊不一致，或是對自我的認知與他人不一致等）時。

（五）反思性討論（critical discussion）

發展服務使用者對自身處境與問題的洞察（insight）能力，並回想、澄清特定事件當下行為反應的意義。

除了直接服務的個案工作，1990年代以來個案管理（case management）的間接服務成為社會工作者耳熟能詳的工作方法。

個案管理指的是「代表服務使用者計劃、尋找與管控來自於不同社會組織和專業工作者的服務的一套過程。──《社會工作辭典》」。社會工作者扮演經紀人與管理者的角色，促成服務資源的連結，以達成問題解決的目的。值得提醒的是，個案管理是社會工作者為連結多專業與多元社會資源的方法，應是介入服務的附屬計畫，不能作為社會工作介入的主軸，若以管理之名架空社會工作介入計畫的服務內涵，會使社會工作者徒做「行政」的工作，喪失專業職責。

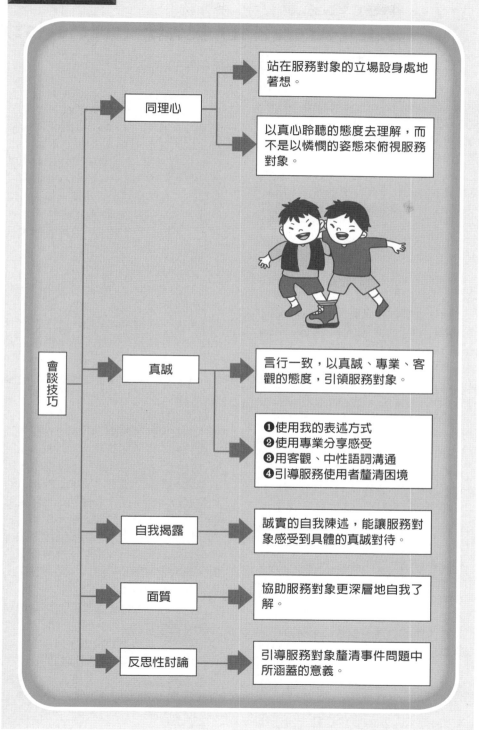

會談技巧

同理心
- 站在服務對象的立場設身處地著想。
- 以真心聆聽的態度去理解，而不是以憐憫的姿態來俯視服務對象。

真誠
- 言行一致，以真誠、專業、客觀的態度，引領服務對象。
- ❶使用我的表述方式
  ❷使用專業分享感受
  ❸用客觀、中性語詞溝通
  ❹引導服務使用者釐清困境

自我揭露
- 誠實的自我陳述，能讓服務對象感受到具體的真誠對待。

面質
- 協助服務對象更深層地自我了解。

反思性討論
- 引導服務對象釐清事件問題中所涵蓋的意義。

UNIT **5-5**
綜融（generalist）與專精（specialist）之

圖解社會工作

1970年代Fisher提出社會工作折衷學派（eclecticism），將諸多社會個案工作的介入方法整合成一套綜融式的社會工作理論。這樣的觀點主要在回應多元的社會與個人議題，社會工作者發現服務使用者的需求與問題不單純、並非獨立存在；相反的，社會工作者必須面對的議題往往複雜、涉及層面廣泛，泛及家庭、社會團體、社區、正式組織與制度、族群次文化等。因此社會工作者需要具備多層次的觀點，包含評估微視、中介與鉅視系統，並採納不同處理焦點的理論架構，綜合彙整這些知識與技巧，全面周延地擬定介入的計畫。

美國社會工作教育協會（CSWE）回應綜融社會工作實施模式（generalist practice model），從系統觀點與「人在情境中」探討社會工作介入的問題核心，認定社會工作的技巧與知識應融合心理社會模式、認知行為治療、任務中心、危機處理、問題解決等方法，直接服務與間接服務兼具，在此條件之下設計出美國社會工作學士與碩士訓練課程。

至此，社會個案工作，或是以個人為對象的社會工作實施有別於傳統個案工作。個案工作者幾乎等同於社會工作者，介入的範疇也僅是個人介入或社會行動介入之別。

綜融與專精社會工作是從個案工作的傳統所開啟之爭辯，早於1920年代，對個案工作應該在系統觀點的共同元素下提供服務的主張，就已經引發綜融途徑社會工作的討論；而當時相對於綜融途徑取向的專精社會工作，指的是對特殊需求、特定對象的社會工作實施，例如心理衛生、健康醫療、少數族群等。

Miley等人（2009）對綜融社會工作

的說明：

> 了解個人與集體問題會相互影響，使他們和社會、社區、鄰里、複雜組織、正式團體、家庭及個人等體系合作，促成並改變這些體系的正常運作。也就是綜融社會工作和各種不同體系合作，為服務對象連結各項資源，使組織回應其需求，倡議公義的社會政策，使資源公平分配，從而研究社會工作實務。

簡言之，綜融取向的社會工作實務不將個案、團體、社區、政策或研究等社會工作方法與領域作切割，社會工作者應融合這些技巧與知能，以求提供最佳服務給服務使用者。

而專精取向與社會工作專業化的發展密不可分，在立法保護與建立合格專業人員證照制度的同時，社會工作必須將專業地盤與其他相鄰專業畫出界線，以凸顯社會工作的獨特性。如同Specht與Vickery（1977）所言，社會工作方法的整合必須以專精化（specialized）的知識與技巧為基礎作為輔助，也就是針對精神疾病、身心障礙、少年犯罪、婚姻、兒童虐待、女性主義、老化等領域的專精知識與技巧，方能了解各種服務對象的需求與服務的屬性，藉此發展出專精的實施領域。

由此可知，即使綜融取向與專精取向的社會工作實務，在社會工作的發展歷史上歷經一段時期的拉鋸，但事實上社會工作者必須立基於綜融取向的社會工作（或稱通才的社會工作）上，發展專精取向社會工作（或稱專才社會工作）實務知能。

多層次觀點

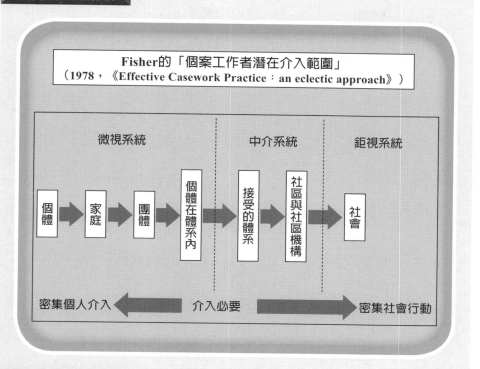

Fisher的「個案工作者潛在介入範圍」
（1978，《Effective Casework Practice：an eclectic approach》）

微視系統　　　　中介系統　　　　鉅視系統

個體 → 家庭 → 團體 → 個體在體系內 → 接受的體系 → 社區與社區機構 → 社會

密集個人介入 ← 介入必要 → 密集社會行動

專才或通才

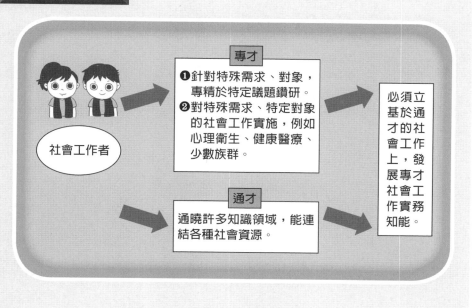

社會工作者

專才
❶針對特殊需求、對象，專精於特定議題鑽研。
❷對特殊需求、特定對象的社會工作實施，例如心理衛生、健康醫療、少數族群。

通才
通曉許多知識領域，能連結各種社會資源。

必須立基於通才的社會工作上，發展專才社會工作實務知能。

第 **6** 章

家庭社會工作

●●●●●●●●●●●●●●●●●●●●●●● 章節體系架構 ▼

UNIT 6-1
家庭的型態與變遷

圖解社會工作

「家庭（family）」或「家戶（household）」是個人之上的社會組成單位，也是訂定社會制度、社會政策首要考量的單元個體。家庭的概念在東方的華人社會中經常與「家族」混用，而家族即是以血緣為基礎的家庭組成。今日的《民法·親屬編》裡將家庭定義為：

以永久共同居住生活為目的而同居之親屬團體。

可知在臺灣的家庭定義至少應包含三項元素：

❶兩人以上。

❷永久的共同居住／生活。

❸具親屬關係。

由此定義可了解，在傳統東方文化脈絡下的家庭定義揭示了華人重視「家族主義」的信念，不同於西方個人主義強調自主性與自由發展，也不同於社會主義盛行國家集體意識所要求個人奉獻於社會整體；家族主義的個人色彩淡化，期待個人融入以親屬關係為依歸的家族，因而無血緣、親屬為基礎的家戶組成，較難獲得「家庭」的正名。另一方面，在重視家族主義的東方文化裡，許多社會服務、救濟行為也是以家族為始，或以家族成員為核心向外擴展至旁系親屬、鄰里，進而至更大範圍的社群，因此家族／家庭被視為社會組成的基礎單元，社會服務與社會福利的規劃需以家族／家庭為工作核心。

而在西方文化中，Barker在《社會工作辭典》第四版中將家庭定義為：

成員間彼此負擔特定的義務關係，並且通常共同居住的初級團體。

其中「初級團體（primary group）」指稱的是「親密、經常面對面接觸的人，彼此間擁有共同的規範，並共享相互、持續且廣泛層面的影響力」。據此，家庭的基本元素應是：

❶共享責任義務與規範。

❷共同生活。

❸擁有持續、長遠的親密關係。

這樣的概念對家庭的認定相較於東方傳統的家庭定義更為廣泛，重視的是家庭成員之間應共有的共依共生、相互有權利義務，以及永久共同生活的承諾等等關係層面的意義。

事實上，隨著社會條件的改變，現今社會家庭的功能與結構都已不同以往，單親家庭、隔代家庭、繼親家庭、同志家庭或是同居的親密關係等，都是多元家庭型態的範疇。對於社會工作者而言，家庭／家庭社會工作的認定，應擇其具備的「功能」與「動力」層面，甚於「組成成員間的關係」。也就是當兩個以上的個人共同分享生活各層面，彼此之間負擔權利義務，經營長久的關係，便是家庭社會工作的服務對象。

家庭定義

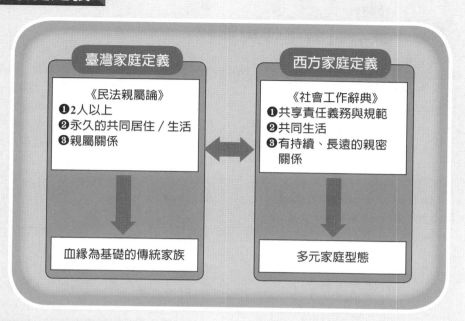

臺灣家庭定義

《民法親屬論》
① 2人以上
② 永久的共同居住 / 生活
③ 親屬關係

↓

血緣為基礎的傳統家族

西方家庭定義

《社會工作辭典》
① 共享責任義務與規範
② 共同生活
③ 有持續、長遠的親密
關係

↓

多元家庭型態

多元家庭型態

核心家庭

隔代家庭

單身戶＝家庭？

同志家庭或同居親密關係

UNIT 6-2
家庭社會工作與服務

最早以家庭為服務對象的社會工作，其關注的焦點在於家庭暴力或是兒童成長所需的福祉，基於人權與保護的立場，公共權力才涉入私領域的家庭範疇。Kamerman與Kahn在其論述家庭政策的著作《家庭政策：14個國家的政府與家庭（*Family Policy: Government and Families in 14 Countries*）》中，將家庭政策定義為：

政府「對家庭」與「為家庭」所做的任何政策事務。

在此書中家庭政策包含明確（explicit）的以及隱含的兩種型態。意義即是明確地以家庭為對象、目標而訂定的福利服務、方案計畫等；以及並非以家庭為獨特對象，但政策與方案所涉及的層面間接影響家庭系統與運作。

因此談到家庭社會工作（family social work），或家庭（為中心）的社會工作實施（family-centered social work practice），涵蓋範圍包括政策制訂的層面、福利服務方案的給付（對象與資格設定），以及以家庭為介入對象的治療與評估。即是McNeece所指「社會工作在協助家庭時，必須同時考量家庭政策與家族治療（Family therapy）」。

在政策的層面，不同的意識型態體現出不同的政策精神，英、美等福利國家以平等公民權為政策思想主軸，家庭政策的制訂包括多元家庭樣貌與其差異性的需求，性別平等、照顧負荷以及促進就業等都是家庭政策處理的議題。

在臺灣，家庭政策最早出現於民國54年的民生主義現階段社會政策綱領中第三條原則「支持多元家庭：各項公共政策之推動應尊重因不同性傾向、種族、婚姻關係、家庭規模、家庭結構所構成的家庭型態，以價值觀念之差異，政府除應支持家庭發揮生教養衛功能外，並應積極協助弱勢家庭，維護其家庭生活品質。」政策中已明文揭示多元家庭的價值；然而反觀福利服務與法規的訂定，法規中「親屬責任」仍重於社會國家責任，福利服務的資格與給付的評估條件、門檻設定，尚不離傳統家庭型態，也就是婚姻及血緣關係下的家庭組成，多元家庭的概念實則相當薄弱。

因此，臺灣現有的家庭服務主要在於「以家庭為對象的服務方案」，以介入的層次可將其分為：

❶ 家庭支持服務方案：當家庭尚且保有大部分功能，僅小部分結構崩壞、關係失序或失功能，社會工作以預防的角度切入，在社區中或機構裡提供支持性服務，協助家庭重返常軌。

❷ 家庭為中心服務方案：即是以家庭為基礎的服務方案（family-based services），偏向較長期、規律的介入方式。對象則不限定危機家庭，重點在於以家為核心的服務設計。

❸ 家庭維繫方案：相對於長期性介入家庭中心服務方案，「密集家庭維護服務（intensive family preservation services）」是短期、危機與任務處理式的介入方式，對象是家庭失功能、結構崩解的危機或高危險家庭，社會工作者提供密度高但為期短（約以1個月為原則）的服務，以解決家庭危機、維護家庭成員共同生活的權益。

家庭政策

家庭政策 ──► 明確的家庭政策：為家庭所設計。

　　　　 ──► 隱含的家庭政策：與家庭間接相關。

多元家庭

臺灣最早於民國54年，出現關於多元家庭的原則，明示尊重不同的家庭組成形態。然而，在傳統的家庭型態意識之下，相關的概念與實際的保障仍然薄弱。

（第6章 家庭社會工作）

服務層次

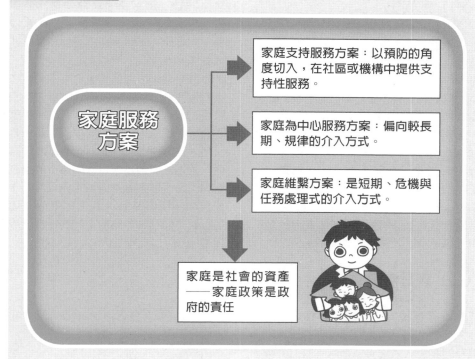

家庭服務方案 ──► 家庭支持服務方案：以預防的角度切入，在社區或機構中提供支持性服務。

　　　　　 ──► 家庭為中心服務方案：偏向較長期、規律的介入方式。

　　　　　 ──► 家庭維繫方案：是短期、危機與任務處理式的介入方式。

家庭是社會的資產
──家庭政策是政府的責任

UNIT **6-3**
家庭評估與家族治療

家庭評估與家族治療是社會工作者進行家庭社會工作時經常運用的工作技巧,家庭評估是工作前期資料蒐集階段的必要工作項目,包括了解家庭成員、家庭客觀條件與資源,以及家庭環境優劣勢等等基本資訊;家族治療則是實施介入方案時的工作方法,家族治療有許多理論與學派,然而家族治療的核心概念就是將社會工作欲處理的問題視為所有家庭成員間共有的問題,藉著溝通、調整與釐清家庭成員的互動方式與對情境、關係的認知,達到解決問題的目的。

在做家庭評估與家族治療時,至少必須考量三個面向:

(一)家族史

這個部分包括「環境脈絡」與「家庭生命階段」兩個部分。考量家庭所處的社會環境、種族文化與其家族傳統具有的獨特性,是評估家庭擁有的優勢、弱點,與判斷其資源富足與匱乏層面的重要依據。再來則是在家庭(指涉傳統一般型態婚姻關係下,育有子女的家庭)有其階段歷程,包含新婚期、生育期、幼兒子女期、青少年子女期、子女成年期、子女離家期(即是空巢期)、晚年時期等,而家庭所處的生命階段影響其具備的資源和面對議題的能力,也是家庭評估時須考慮的面向。

(二)家庭結構

結構包含界線、系統與次系統、權力互動型態等。一個家庭是否具有開放性,接納家庭外的人際關係,影響家庭擁有的非正式網絡支持系統,是其外部界線;而內部界線指的就是家內的次系統,家庭整體被視為一個有機的系統,而內部成員之間可能相互結盟,例如母親與女兒、手足之間擁有相同立場,在決策過程中形成家內抗衡的勢力,這也是家庭內部權力關係的運作,可影響家庭目標的設定,以及家庭決策的訂定。

(三)家庭功能

家內成員是否能適當發揮其角色功能,包含溝通表達功能、照顧功能、支持功能等,決定一個家庭是否完整或是正常運作。若是家中某一位成員的角色失去原有的功能,例如罹患精神疾病的母親,在疾病急性症狀期無法照顧子女,則另一位家庭成員勢必替代其角色(長女代母職負擔家務、照顧責任等),若無此家庭成員,家庭則可能面臨解組或失序的危機。

而家庭評估可運用的工具有家系圖/或稱族譜圖(genogram)及(加上家庭所處社區與社會環境的)家庭生態圖。家系圖將兩代以上的家族成員一起呈現,用途是檢查家庭問題的世代關係,透過圖形知道在世代網絡下的家庭處境;而家庭生態圖則將家內成員間次系統的關係與品質,和家庭與外在環境、資源的互動型態用不同的線條表現出來。

家庭評估面向

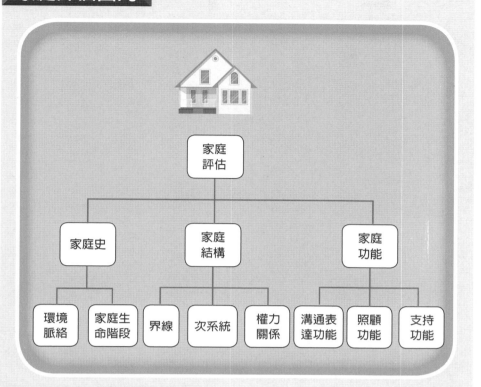

家系圖與生態圖範例

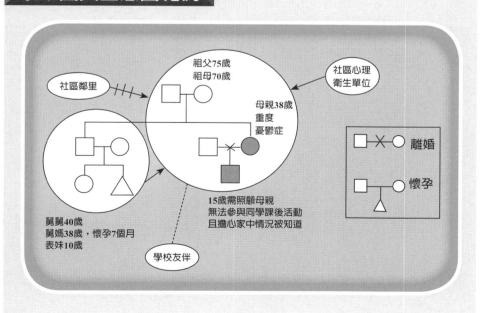

第 **7** 章

團體的社會工作實施

●●●●●●●●●●●●●●●●●●●●●●●●●● 章節體系架構 ▼

UNIT **7-1**
團體與團體的社會工作實施

社會工作者運用團體工作方法的歷史悠久，從雅當斯時期的睦鄰運動，社工專業就已經發現聚會可以發揮更大的影響力。因為人是群聚的動物，個人需要與他人接觸，不僅因為相互照顧的生理層面需求，尚有相互支持、理解的心理與精神層面需求，依附理論中討論的便是幼兒與照顧者之間親密關係的發展。

1844年英國的威廉斯（George Williams）創立基督教青年會（YMCA, Young Men's Christian Association），以聚會的方式引導青少年遵循宗教教誨的精神，進而回歸有益身心的社交、宗教活動。1851年蘇立文（Thomas V. Sullivan）從宗教週報上了解倫敦YMCA的活動，在美國波士頓也設立了YMCA，而後1850年代間，YMCA迅速在美國擴展，YMCA所運用的團體聚會、社區運動服務方式，成為社會團體工作的前身，也促成1866年第一個基督教女青年會（YWCA, Young Women's Christian Association）在波士頓成立。因此初始的團體工作與休閒、社區運動緊密連結，朝教育個人與改革社區的目標並進。

社會工作到了1930年代左右，開始使用「社會團體工作（social group work）」的詞彙，與個案工作（social casework）做出區分，1935年的「全美社會工作研討會（National Conference of Social Work）」將團體工作納入每年討論的議題。然而到了1970年代，「綜融性」社會工作取向成為趨勢〔也就是「綜融社會工作（generic social work）」〕，傳統三大工作方法（個案、團體、社區）的分野模糊

化，團體工作式微。直到80年代，社會變遷與民主運動的訴求再度復甦，團體工作因為兼具個人改變與社會變遷的途徑，重新在社會工作中找到一席之地。

而什麼是「團體（group）」？團體應該具備四項條件：

❶ 三人以上；

❷ 擁有共同目標；

❸ 成員間彼此有互動；

❹ 遵守共同的規範。

至於團體工作（group）或稱社會團體工作，是由受過訓練的社會工作者，運用兩人以上的團體，引導個人在團體中發展社交技能，提供知識、技巧以協助整合個人的生活模式；並在團體過程中建立成員間的連帶感，藉此運用團體的影響力，實現團體所設定的預防性或治療性社會目標。

因此社會工作者藉由團體工作欲達到的目標至少應包含三種：

❶ 個人的；

❷ 社交性的；

❸ 社會性的。

團體工作有時也被稱為團體的個案工作，指的是團體中仍保有針對個別成員的工作目標，因此如同以聚集的形式進行個案工作；但團體工作仍不同於個案工作，團體工作中重要的是連結個人與社群，排除孤立並同時達成成員個人與團體共同的目標，因此團體工作也可被視為一種排除個人與社會之間障礙的橋梁。

團體社會工作發展

19世紀中期YMCA及YWCA

以團體聚會的方式引導青少年回歸有益的宗教活動。與休閒、社區活動緊密連結，為教育及社區改革途徑。

1889年雅當斯芝加哥霍爾館

運用團體的方式與貧民、移民工作，視團體為社會改革的途徑。

1935年「全美社會工作研討會」

將「團體工作」納入每年討論議題，成為社會工作三大方法之一。

National Conference of Social Work,1935

目標

個人目標

團體工作又稱為團體的個案工作，個人的目標可在團體中達成。

社交目標

成員相互認識、交談，發展社交技能，排除孤立感。

社會目標

藉由團體的共識達到環境變遷的目的。

社會團體工作

UNIT **7-2**
社會團體工作的理論基礎

主要常用於解釋說明團體工作的理論摘述如下：

（一）符號互動論（symbolic interactionism）

芝加哥社會心理學派Mead提出的符號互動論用「符號（symbol）」與「意義」來說明社會活動與團體生活。假設人際互動與社會活動的形成過程是「個人行動具有一套用行為或態度符號表達的特定意義→事物與事件的意義從互動過程中刺激他人→符號被詮釋、判斷與解讀，型塑社會互動的內涵」。

因此團體工作是一種「社會過程」，協助個人透過團體的發展，相互學習符號的表達和理解；社會工作者必須了解團體成員的「參考團體（reference group）」。

（二）場域論（field theory）

場域論是從物理學的牛頓運動定律來解釋，「任何事件的性質決定於包含此一事件的體系關係」，因此人類行為是一套公式函數：

$$B = f\,(life\ space) = f\,(P \cdot E)$$

B = 人類行為
P = 個人
E = 環境
life space = 生活場域

社會工作者將人與環境視為一個連帶的組合體，因此應重視「此時此刻（here and now）」團體當下的情境。

（三）系統理論（system theory）

Homans是系統理論的始祖，其著作《人群團體（*The Human Group*）》中關於團體與社會學理論的部分，以霍桑工廠實驗說明「內部體系（internal system）」與「外部體系（external system）」。前者指的是發生於非制度面的活動、互動與感受，後者則是正式、組織層面的規範。社會工作者在團體中即運用內部體系正面的轉變，連帶改變外部體系朝積極的方向發展。

（四）生態系統觀點（ecological system perspective）

社會工作者最熟悉的生態系統觀點是用共生（symbiosis）概念說明個人與團體間的關係。環境或團體是一個有機體，內部互動取決於團體成員的特質、能力、態度與感受，團體的結構與目標亦能影響成員在團體中的表現。社會工作者在帶領團體時應該重視五要素：❶團體特性—即團體成員的客觀特質；❷團體能力—團體成員擁有用以因應議題的能力；❸團體條件—團體成員的文化背景、價值觀或規範；❹團體變遷—團體整體隨著時程進展產生的質變；❺團體脈絡—指團體所處的外在環境。

（五）團體動力學（group dynamics）

團體動力學所關注的是運作團體時，團體中發生的事件與其意義。團體被視為由成員間動態互動關係所組成的人際圈，團體動力學所主張的團體結構、團體要素與團體過程，便是目前社會團體工作主要依據的理論基礎。

圖解社會工作

團體工作理論

	對團體的假設	社會工作者的職責
符號互動論	社會過程	了解成員的參考團體，並協助個人透過團體相互學習社會互動符號的表達和理解。
場域論	連帶的組合體	藉著此時此刻團體成員與環境的互動，規劃適合團體與成員相互影響的策略。
系統理論	與外部體系互動的系統	以團體的內部變遷引發外部變遷。
生態系統觀點	共生的有機體	引導團體的變遷，以促成個人改變的能力與動力。
團體動力學	動態的人際圈	審慎觀察團體的關係流動與動態交流，運用團體要素影響成員與團體。

> 團體工作是將人際的符號互動縮影於團體過程中

> 人類行為決定於個人與場域的互動

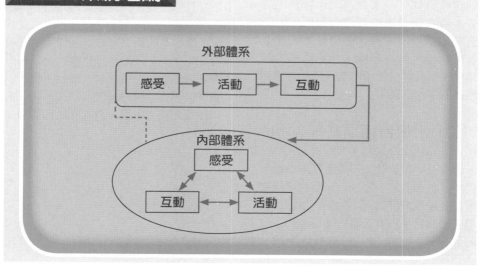

Homans系統理論

外部體系

感受 → 活動 → 互動

內部體系

感受

互動 ↔ 活動

UNIT **7-3**
社會團體工作實施模式

團體工作的實施有諸多型態，其分類以Papell及Rothman（1966）所主張的團體工作三大模式最常被討論運用：

（一）社會目標模式（social goals model）

社會目標模式的團體屬性是社會性的，也就是團體的目標偏向集體主義，必然帶有社會公共利益的價值。這個模式的團體工作關心的是成員如何在團體中發展出社會意識與社會責任，藉由團體的教化帶來成員進行社會行動的可能性；因此團體運作的短期、微視目標是為爭取團體成員的權益；長程目標、鉅視目標則是藉著團體的催化或集體行動，對團體成員及周遭環境、相關人士帶來價值影響，達成社會變遷的目的。

在此，社會目標模式的社會工作者將每一位團體成員視為身心健全、有能力且有主張的個體，團體協助個別成員尋求彼此的共識。團體本身對於社會工作者與成員都是一項資產；而社會工作者本身在團體裡扮演促成與催化的角色，使用澄清、轉化環境限制、建立共識目標、激發動機、確定決策等技巧，民主的價值與領導風格是社會目標模式的工作原則。

（二）治療目標模式（remedial goals model）

治療目標模式傾向醫療觀點，團體的目標是臨床導向、短期、有限的，以改變個人認知或行為為焦點。對治療目標模式的團體工作者而言，使用團體工作的好處是相較於個人一對一的治療，團體尚可提供互動、相互支持與參考團體、同理等治療因子，並在工作成果、整體效益上更有價值，且更節省時間。

然而治療模式的基本假設是團體成員都帶有某種社會適應不良，或是身心理缺陷，因此需要調整社會互動關係與增進社會功能。團體是提供成員改變的途徑、工具與場域；社會工作者在團體中則是經紀人或是變遷的媒介，並作為團體的核心，治療模式的團體工作常運用於具有明確使命、宗旨的正式組織或機構中。

（三）交互目標模式（reciprocal goals model）

或稱為互惠模式，團體本身的變化是工作過程的焦點，因此團體的目標必須兼具成員個別性與社會性兩方面，團體可協助個人預防危機，或是創傷復健；個人也可以發揮一己之力，在團體過程中回饋給團體或個別成員。

交互目標模式認為個人的問題必須放在環境系統脈絡中才具有意義，是立基於生態模型的觀點，意即團體與個別成員間是一個互動的有機生態系統，甚至團體領導者也是系統的一部分。因此假設成員間有互惠的動機與能力，而社會工作者在這之中需扮演中介與充權的角色。

三大模式

	社會目標模式	治療目標模式	交互目標模式
主要功能	儲備預防和復原復健		
團體目標	❶偏向集體主義 ❷帶有社會公共利益的價值 ❸成員如何在團體中發展社會意識與社會責任 ❹帶成員進行社會行動的可能性	❶臨床導向 ❷是較短期的、有限的 ❸以改變個人認知或行為為焦點	❶兼具成員個別性與社會性兩方面 ❷可協助個人預防危機,或復健創傷 ❸個人在團體中做回饋
團體工作的功能	增加民眾更廣泛的知識與技巧	以治療個人為主要的功能,也提供個人的復健	有預防、儲備和復原的功能
團體的價值	是社會工作者和成員的共同資產	提供成員改變的途徑、工具和場域	工作的核心
團體的成員	被視為身心健全、有能力且有主張的個體	帶有社會適應不良,或是身心理缺陷	情境脈絡中的個人
社會工作者	是一個影響者、催化者	是經紀人或是變遷的媒介	中介者、充權的角色
工作的原則	民主的價值與領導風格	社會工作者是團體的核心	工作者是誠懇的、直接的,融合與團體之中

第 7 章 團體的社會工作實施

UNIT **7-4**
團體的類型

　　依照團體組成的密度、工作目標與社會工作的關聯，團體可分為：

（一）社會性對話團體
　　日常生活形態的聚會團體，在社會團體工作光譜的最左端。這一類的聚會嚴格說來不構成團體組成的要素，因成員間不具有共同的目標，也無須規範與界限。社會工作者可以運用此類的團體聚會做資料蒐集的工作。

（二）休閒團體
　　或稱技能建構休閒團體（skill-building recreational group），著重運動或休閒技能的教導，以健康的休閒方式提供愉悅情境，促成正向人際的發展，如游泳、藝術、手工藝、競技活動等。

（三）教育性團體
　　是教導特定專業知識與技巧的團體，例如人事或財務管理技能、親職訓練、健康控制、法律知能等。團體的領導者一定是專業人員或是專家學者。社會工作者本身經常需要參與這一類團體，也會運用這類團體為服務對象或是志願服務者工作。

（四）任務性團體
　　許多政府部門或是機構中的「委員會」、「任務小組」，是為了特殊的目標而設立，其中包含不同專業、部門的人員，團體於任務達成後解散。

（五）問題解決與決策團體
　　此類團體與任務性團體有重疊類似之處，但團體的焦點更為具體、特定，團體的工作任務即是針對焦點問題蒐集相關人士的意見、找尋資源，建立解決的共識或是方案。社會工作者在其中扮演管理者（manager）或催化者。

（六）焦點團體
　　焦點團體是為了單一主題的討論而召開的團體，團體的形式與會議較相似，有時會以問卷輔佐資訊蒐集或作為討論提綱。必定有一位領導者（或稱主席），主導團體討論不偏離主題。在社會服務機構、社區工作中經常使用。

（七）治療性團體
　　成員帶有共同的情緒、心理問題或個人議題，團體議題必須盡可能聚焦，領導者也必須具備純熟的團體操作技巧。

（八）惠心團體
　　密集但短期的團體聚會，藉由成員間人際親密感的建立，改變行為和態度。

（九）自助／互助團體
　　社會工作專業受消費者主義影響，自助與互助團體強化服務使用者在服務過程中的主動性、主導權，這類團體亦可自發性發展形成。如著名的酗酒者匿名團體（Alcoholics Anonymous, AA）。

（十）社會化團體
　　位於社會工作團體光譜的最右端，社會工作專業的成分最高。此類團體的用意相當基礎但關鍵，許多社會障礙的形成帶來複雜的個人與社會議題。而社會性團體即是先解決社會阻礙，或是與其他服務方案併同進行。

團體類型

社會性對話團體	團體結構鬆散，社會工作者可用於資料蒐集。
休閒團體	以提供愉悅的互動環境為目的，不必然有領導者。
教育性團體	社會工作者經常參與接受教育，或可運用於服務或志工訓練。
任務性團體	社會工作者參與或運用於跨專業合作。
問題解決與決策團體	社會工作者運用於解決具體、特定的服務議題。
焦點團體	近似會議，用於蒐集特定、深入資料。
治療性團體	團體成員同質性高，領導者需有純熟的團體技巧。
惠心團體	密集、短期的聚會，藉由人際關係達成改變的標的。
自助或互助團體	社會工作中普遍的團體形式，亦可由成員自發性組成。
社會化團體	社會工作專業成分最高的團體類型，以解決社會障礙為目標。

光譜分布

社會工作取向 →

社會性對話團體　休閒團體　技能建構團體　教育性團體　任務性團體　問題解決與決策團體　焦點團體　治療性團體　專心團體　自助或互動團體　社會化團體

UNIT **7-5**
團體的要素

依照生態的觀點，團體工作的內部體系包含四個要素：成員、團體本身、工作者、團體所處的環境或機構；而外部結構則應該檢視團體的規模、團體的空間與團體進行的時間。

內部體系的四要素中，成員指的是團體招募的成員所具備之條件，包括年齡、性別、帶進團體的個人議題、成員的社會經濟地位組成情況等；團體本身則是團體的屬性，與團體預設的目標；團體工作者的專業背景、對團體運作的熟悉度、個人特質等，也是團體內在影響因素之一；最後則是團體或團體工作者所屬的組織（或更廣泛的環境定義：團體所屬的社會條件），其文化與價值也是團體要素之一。

外部結構的部分，團體的規模即是成員的人數，視團體目標與性質的不同，團體會有不同的規模限制，但團體人數再少也必須要能夠產生資訊、人際共鳴，人數若多則必須在領導者可掌握發展的原則上。空間的部分與團體所選擇的場地相關，尤其是封閉性團體，成員間共有隱私的氣氛更為明顯，應選擇一個不受干擾的環境；另外則是團體座位的安排，影響成員相互的關係（親近、干擾或侵犯的感覺）。時間則應該分別檢視團體進行的時段、期程、每次團體聚會的長短、定期或不定期、頻率密集程度等。

在討論團體發展的階段前，先說明團體契約與工作者角色兩個部分：

（一）團體契約

團體工作進行中的契約型態有五種，個別契約（individual）、互惠契約（reciprocal contract）、互助契約（mutual contract）、互賴契約（interdependent contract）與獨立契約（independent contract）。

❶ 個別契約：為個別成員量身訂做的契約，屬於成員個人與服務機構間的契約。

❷ 互惠契約：成員與團體工作者間的契約。

❸ 互助契約：團體成員間的契約。

❹ 互賴契約：屬於團體成員與團體間的契約，在團體已具有共識、共同默契的時期產生。

❺ 獨立契約：在團體尾聲，成員與團體或是服務機構間的契約，也用來檢視團體是否發揮功能，協助成員邁向獨立的下一個階段。

（二）工作者角色與位置

團體進行中，團體領導者（即是社會工作者）的角色與在團體中的位置應有變化，原則上，在團體的初期，工作者占據核心的（central）位置，發揮基礎的（primary）角色；團體逐漸成形後的工作階段，則是處於軸承的（pivotal）位置，屬於可變的（variable）角色；工作穩定進行或是產生衝突時，團體工作者則是處於邊緣的（peripheral）位置，扮演催化（facilitative）的角色，讓團體產生自行管理、運作的能力；工作目標達成、接近尾聲時期，因個別成員已完成任務，準備與團體告別、回到各自的生活，工作者再度回到團體中心的位置，擔任基礎的角色，主導團體的發展。

團體的結構

外部結構

空間、時間、規模

內部體系

團體	成員	工作者	機構／環境

社會工作者在團體中，有些時期所扮演的是核心角色。

團體契約型態

個別契約	互惠契約	互助契約	互賴契約	獨立契約
成員與服務機構間的契約	成員與工作者間的契約	團體成員間的契約	成員與團體間的契約	成員與團體／服務機構間的契約

工作者角度與位置

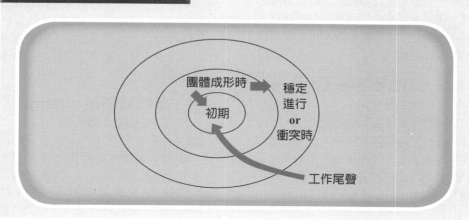

團體成形時 → 穩定進行 or 衝突時

初期

工作尾聲

UNIT 7-6
團體發展階段

圖解社會工作

關於團體發展的階段已有許多學者做出歸類與討論，多數的發展模式屬於連續階段論（sequential stage model），也就是假設團體是一個階段性的工作過程。連續階段論大致將團體分為「開始期」、「工作時期」與「結束期」，開始期包含團體正式進行的準備階段；而工作時期則是團體開始產生質變的階段，也是團體朝正向或負向發展的關鍵；結束期則是團體處理分離與整合團體經驗的時機。

除了連續階段論，尚有Bales的重複階段模式（recurring-phase model）。Bales主張團體的任務與動力在團體工作過程中以循環的狀態發展。

關於臺灣的團體階段論點，林萬億（2008）整理綜合諸多團體階段論後發展出團體發展過程應包含：

（一）團體啓動期（initial phase）

團體設計與招募的階段，由服務機構或是工作者來規劃團體目標、成員與招募組成的方式，且決定團體的性質，進行團體前的會談。此時的團體工作契約屬於個別契約與互惠契約，成員與服務機構簽訂個別契約，也與團體工作者立下互惠契約；工作者在此時位居團體核心的基礎角色。

（二）團體聚集期（convening phase）

屬團體正式展開後的暖身階段，工作者仍處於核心的基礎角色，此時團體還在陌生的氣氛，工作者需主動連結成員間的互動。而這個時期仍維持個別契約與互惠契約。

（三）團體形成期（formation phase）

團體開始具有工作效能的前期，團體規範由成員的共識產生，也是團體發展出凝聚力的重要時期，此時團體的互動已轉變爲成員彼此間相互有交流。工作者的位置轉換爲軸承的位置，扮演的角色可隨團體需求與氣氛而轉變，成員間也可發展出互助契約。

（四）團體衝突期（conflict phase）

團體的動力一旦開始進入狀況，也意味著團體專屬的文化、系統逐漸成形。衝突也是團體必經的過程，工作者應將衝突視爲團體澄清、認識的契機。此時工作者仍是軸承可轉變的角色，而成員間需重視並維持其互助的契約關係，團體才不至於中途解散。

（五）團體維持期（maintenance phase）

這是團體效能最佳、互動頻率最和諧的時期，團體任務與目標的達成也在此階段。工作者已可退居團體邊緣的位置，團體本身已具有生命力，可獨立順暢運作，而工作契約轉化爲成員與團體本身建立的互賴契約。這個時期的團體成員間雖有共同的語言，但也能接納個別成員的差異性，工作者在其中扮演催化者的角色。

（六）團體結束期（termination phase）

團體結束前的重要任務，包含評鑑團體的成效、處理成員的情緒與情感反應。整合是工作者的職責，回到團體核心的位置，協助成員回顧團體經驗、建立獨立契約，將其經驗化爲應變與適應的能力。

團體發展過程

	團體契約	工作者位置	工作者角色
啓動期	個別契約 互惠契約	核心	基礎
聚集期	個別契約 互惠契約	核心	基礎
形成期	互助契約	軸承	可轉變
衝突期	互助契約	軸承	可轉變
維持期	互賴契約	邊緣	催化
結束期	獨立契約	核心	基礎

這個時期成員與工作者間可能透過正式公開或是私下的方式接觸,進行團體前的會談。成員接受或是自願參與團體。

團體、權力分配會在這些階段有質變。工作者可視團體的發展狀況決定所處的位置,引導或協助成員釐清衝突的本質和意義。

工作者視同團體的一員。工作契約從成員間的互助契約,轉化為成員(包含工作者)與團體本身建立的互賴契約。

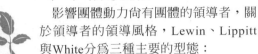

UNIT 7-7
團體的領導

（一）領導風格

影響團體動力尚有團體的領導者，關於領導者的領導風格，Lewin、Lippitt 與White分為三種主要的型態：

❶ 權威領導者（authoritarian leader）

或稱獨裁領導者，領導者本身擁有絕對的權威，團體的目標和規範的訂定都取決於團體領導者，這樣的領導者通常任務取向、重視效能，然這類領導者的個人風格也可能左右團體的成敗。

❷ 民主領導者（democratic leader）

民主的領導者重視團體成員全體的投入和參與，團體的目標與規範由成員共同訂定。對領導者而言，溝通與澄清在團體進行中相當重要，但也可能因此面臨團體效率與成員間關係維持的兩難，這樣的領導模式需要以較充裕的團體時間與期程作為支持的條件，才可順利運作。

❸ 放任領導者（laissez-faire leader）

領導者幾乎處於團體邊陲位置，極少涉入或參與團體的互動，團體可自由地發展，僅在少數衝突或目標偏離的時機，領導者才會予以介入，甚或團體的目標都可以隨著團體成員的共識改變。但只有當成員具有能力、資源與工作效能時，這樣的領導型態才能發揮作用，否則落入一般人際或社交團體的形式，無法具備專業目標與效果。

（二）領導者的權力類型

領導者在團體中可能擁有的權力類型包含下列5項：

❶ 獎勵權力（reward power）

團體的領導者需擁有成員一定的信賴，才可能發揮獎勵的權力。領導者所施行的獎勵對於團體成員才有象徵與獎賞意義，並間接影響其他團體成員的行為表現。

❷ 懲罰權力（coercive power）

相對於獎勵，領導者也有引導成員建立懲罰機制的權力，這是塑造團體規範的一環。但運用懲罰權力時，領導者需敏感於成員違反規範背後的意義，並謹慎處理受懲罰成員與其他成員的反應和衝突。

❸ 法定權力（legitimate power）

這是領導者於團體開始前，即被服務機構賦予的權力；或是在團體初期，由團體成員共同討論並賦予領導者仲裁、管理團體的合法權力。

❹ 參照權力（referent power）

團體領導者是團體成員共同的參照對象，領導者的行為與表達會成為成員的模仿標的。領導者也可以規劃讓成員間相互參照的活動，發揮團體工作聚集異質成員相互激盪的效能。

❺ 專家權力（expert power）

尤其在教育性團體與治療性團體中，領導者無疑擁有專家權威，是團體中擁有最多知能的核心人物，運用知識和專業技巧掌握團體的動態與發展，因此對團體影響力也可能多於其他類型團體的領導者。

領導風格

領導者權威

團體成員參與

放任領導　　民主領導　　權威領導

需積極、高度參與　　擁有充分參與權　　被動、受指示

權力類型

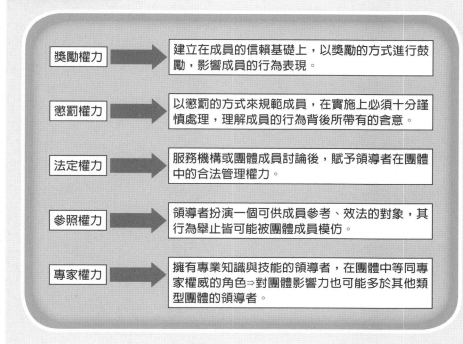

獎勵權力 ➡ 建立在成員的信賴基礎上，以獎勵的方式進行鼓勵，影響成員的行為表現。

懲罰權力 ➡ 以懲罰的方式來規範成員，在實施上必須十分謹慎處理，理解成員的行為背後所帶有的含意。

法定權力 ➡ 服務機構或團體成員討論後，賦予領導者在團體中的合法管理權力。

參照權力 ➡ 領導者扮演一個可供成員參考、效法的對象，其行為舉止皆可能被團體成員模仿。

專家權力 ➡ 擁有專業知識與技能的領導者，在團體中等同專家權威的角色⇒對團體影響力也可能多於其他類型團體的領導者。

第 8 章

社區工作與社區組織

●●●●●●●●●●●●●●●●●●●●●●●● 章節體系架構 ▼

UNIT 8-1
社區工作的定義與相關概念

圖解社會工作

社區工作緣起自慈善會社組織（COS），最早，在倫敦的COS目的在於有效管理、分配慈善資源，避免重複與詐騙；隨後，美國亦引進COS的科學慈善作法。因此社區工作與社區組織在社會工作起源的時期就是密不可分的概念和工作途徑。儘管社區工作的源頭出現得早，但卻是最晚成形的社會工作方法。個案工作在1920年代獲得認可，團體工作在1930年代被認定；1939年「全美社會工作研討會（National Conference of Social Work）」方才將社區組織列為社會工作的領域及工作方法，隨後於1946年的「全美社會工作研討會（National Conference of Social Work）」中成立「社區組織研究協會（the Association for the Study of Community Organization）」，其宗旨為：

增進社區組織對社會福利的了解，並促進社區組織的實務專業性。

社區組織與社區工作發展至今，早已超越COS時期管理慈善資源與篩選受助對象的意義。對社會工作專業價值而言，社會工作者應該了解人與環境間的互動和關係，社會工作的變遷對象也不限於個人，應擴及影響個人的系統；此外，社會工作者在募集資源、動員人力時，都需要廣泛、深入社區內部，因此社區組織和社區工作相較於其餘兩個社會工作方法，更重視參與和民主的層面。

「社區工作（community work）」是英國慣常的用詞，Twelvetrees定義為：

協助人們藉由自發性的集體行動，改善他們社區的過程（The process of assisting people to improve their own community by undertaking autonomous collective action.）。

在美國則經常使用「社區組織（community organization）」，原先指涉的是結合各個社區中的福利資源，以滿足社區需求；發展至後期已延伸為在社區中執行社會工作專業，組織社區在地的權威、影響者，以及與政府部門建立合作關係，協力解決社區問題或滿足社區需求。

受到聯合國的影響，臺灣傾向於使用「社區發展（community development）」或「社區營造（community construction）」。聯合國將社區發展定義為：

結合人民與政府的力量，以改善社區經濟、文化、社會環境，將社區與國家結為一體，藉社區對國家進步產生貢獻的過程。

陳其南在《社區總體營造與生活學習》書中說明，社區營造是「以社區共同體的存在與意識為前提與標的的思想模式，由中央主導轉為地方主導、由資源供給者立場轉為生產者立場，藉由社區居民參與公共事務、凝聚社區意識，以社區自主能力建立地方文化特色。」

綜合上述，社會工作中的社區組織或社區工作應具備三項基本原則：

❶ 社區居民的自發性參與。

❷ 以中介觀點的系統──社區，為改變層次。

❸ 問題解決取向。

相關概念

社區工作相關概念	慣用的國家/組織	內涵
社區工作	英國	協助人們藉由自發性的集體行動，改善他們社區的過程。
社區組織	美國	指結合各個社區中的福利資源，以滿足社區需求，延伸為在社區中執行社會工作專業，組織社區在地的權威、影響者，以及與政府部門建立合作關係，協力解決社區問題或滿足社區需求。
社區發展	聯合國臺灣	結合人民與政府的力量，以改善社區經濟、文化、社會環境，將社區與國家結為一體，藉社區對國家進步產生貢獻的過程。
社區營造	臺灣	以社區共同體的存在、意識為前提與標的的思想模式，由中央主導轉為地方主導、資源供給者立場轉為生產者立場，藉由社區居民參與公共事務、凝聚社區意識，以社區自主能力建立地方文化特色。

工作原則

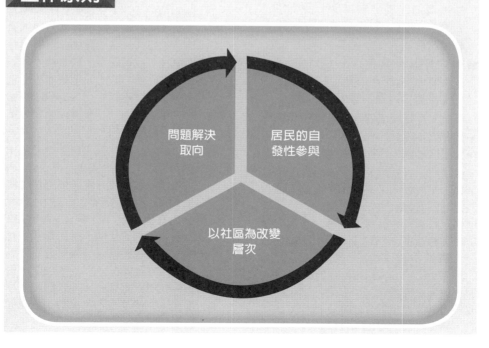

問題解決取向

居民的自發性參與

以社區為改變層次

第 8 章 社區工作與社區組織

UNIT 8-2
臺灣的社區工作與社區發展

　　臺灣的社區工作始於民國44年「基層民生建設」工作，當時的民生建設以改善農村生活為主要目標，在各地設立基層建設中心以貫徹「耕者有其田」的土地政策。民國51年，張鴻鈞出任聯合國亞經會社區發展訓練顧問，於是將「社區發展」概念引進臺灣，取代基層民生建設的用詞，並由社政單位內政部主司。

　　民國54年「民生主義現階段社會政策」將「社區發展」列為七大要領之一，其中將社區發展的要點分述為：

❶ 採社區發展方式，啓發居民自動自治的精神，配合政府措施，改善居民生活，增進人民福利。

❷ 設立社區福利中心，由社區居民推薦熱心公益事業者組織理事會，並雇用曾受專業訓練之社會工作人員。

❸ 加強公共衛生及康樂設施，尤應積極推廣道路橋梁之修築，暨公井、公廁、公園、公墓、游泳池、體育場之設施。

❹ 鼓勵社區內居民，以合作組織方式，辦理消費合作社、副業生產與運銷，暨公用福利等事業。

　　至此，社區發展的國家政策中明訂專業社會工作人員的任用，是臺灣社會工作發展之社區工作的重要里程碑。

　　民國57年行政院頒布「社區發展工作綱要」，臺灣省、臺北市、高雄市各自訂定社區發展計畫。這一時期的社區發展仍以村里行政區域為基礎，三大工作項目為❶基礎工程建設、❷生產福利建設、❸精神倫理建設；然而由上而下的政令作法，使社區發展仍由政府主導，並偏重硬體設施；基層社區組織的成員也不脫鄰里幹部，缺乏在地人民代表，動員社區力量的層面匱乏。

　　民國80年行政院重新頒布「社區發展工作綱要」（曾於72年更名為「社區發展工作綱領」，僅屬政策性質，缺乏法律效力），採人民團體的方式運作社區工作，稱社區工作係指：

　　社區居民基於共同需要，自動互助配合政府行政支援、技術指導，運用各種資源從事綜合建設，以改進社區居民生活品質。

　　社區發展的組織是依人民團體組織法成立，由社區內30名以上居民連署發起社區發展協會，跳脫鄰里長等行政部門幹部，以志願組織的型態從事社區工作。

　　儘管依「社區發展工作綱要」規定，「社區發展協會得聘用社會工作人員推動社區各項業務」，以人民團體出身的社區組織不必然有社會工作者的參與，然而臺灣社區發展至今，首要的需求已不僅是公共、康樂設施、環境美化等硬體建設，社區安全、兒童與少年教養資源、家庭暴力防治、獨居與失能老人照顧等，都是志願服務人力無法因應的新興的社區議題，許多層面需要專業社會福利人員的介入。

　　84年行政院「國家建設研究會」提出社會福利社區化的政策理念，85年內政部頒布「加強推展社區發展工作實施方案」，並於同年底制訂「推動社會福利社區化實施要點」。選定福利社區（包含臺北市萬芳社區、彰化縣福崙社區、臺南市菩薩社區、高雄縣五甲社區及宜蘭縣白米社區），以「福利需求優先化、福利規劃整理化、福利資源效率化、福利參與普及化，及福利工作團隊化」為推動原則。

政策發展

年分	政策依據	發展意義
44	基層民生建設	農村建設為主
54	民生主義現階段社會政策	社區工作列為七大要領之一,明訂聘用社會工作專業人員
57	社區發展工作綱要	政府主導,偏重硬體建設
72	社區發展工作綱領	政策性質,缺乏法律效力
80	社區發展工作綱要	以人民團體形式發展社區組織
85	加強推展社區發展工作實施方案,推動社會福利社區化實施要點	推動社會福利社區化

社區工作發展

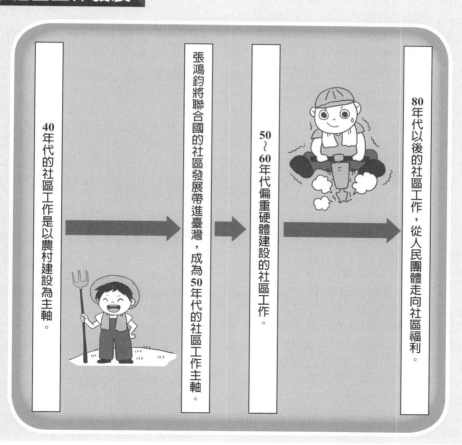

40年代的社區工作是以農村建設為主軸。

張鴻鈞將聯合國的社區發展帶進臺灣,成為50年代的社區工作主軸。

50～60年代偏重硬體建設的社區工作。

80年代以後的社區工作,從人民團體走向社區福利。

UNIT **8-3**
社區工作的理論基礎

Hardcastle主張社區工作是社會工作專業方法之一，因此採藉社會學、心理學與人類行為學等相關科學的理論知識，以下簡單介紹社會學習論、社會交換理論、衝突理論、多元主義與基進社會工作在社區工作中的運用。

（一）社會學習論（social learning theory）

社會學習論主張人的行為是透過與他人互動中，模仿學習養成。古典制約（反應制約）、工具制約（操作制約）與習得的無助（learned helplessness）皆是此理論的重要概念。因此在社區工作中，初始的社會參與經驗會影響居民參與的動力與意願，社會工作者在組織社區與規劃社區發展計畫時，必須透過集會、目標設定、集體經驗等方式，使居民在社區組織和社區工作的過程中導入正向、激勵的因子，以激發居民的參與動機與能力。

（二）社會交換理論（social exchange theory）

社會交換理論假設所有的社會互動都有利益基礎，互動的雙方透過交換特定利益（實質或象徵性的）建立社會關係，權力在其中則影響關係與交換標的的平衡。在社區工作的過程裡，社區與鄰近組織或群體進行競爭、評估、互惠、結盟或脅迫的權力互動，藉此滿足社區的需求，而社會工作者的任務即是評估社區的需求與目標，權衡社區運用的權力型態，和協助居民共同評價，透過社區活動、結盟所交換的社會利益，藉此選擇合宜、有價值的社區發展行動策略。

（三）衝突理論（conflict theory）

衝突理論假設社會衝突來自於社會組織或結構運作的過程，個體利益間產生的矛盾，為尋求平衡或解決之道帶來的社會變遷。衝突理論的起源在於解釋經濟結構，是馬克斯主義的一派，強調資本階級與勞工階級的對立；而後期的衝突理論著重於說明統治及被統治階級權力的落差，以及意識的覺醒。因此在社區工作中，釐清衝突的根源與權力的失衡，是社會工作者動員社區的切入點。

（四）多元主義（pluralist theories）

相較於找出權力的源頭，多元主義者更關注民主的層面，認為社會權力並非單一群體所有，公共決策是權衡妥協的結果。多元主義下的社區工作者是支持者和催化者，結合社區多元族群的需求，促進居民參與決策，協調需求之間的差異以克服社區內部的衝突，進而達成社區發展的目標。

（五）基進社會工作（radical social work）

起於1960年代末期的基進社會工作，深入社會經濟結構，從根本的層面尋求變遷的可能性，其理論的基礎來自於社會主義與無政府主義。1970年代是基進主義在社區工作的黃金歲月（Golden Age），社會工作者透過了解社區中的不平等與弱勢，以集體的行動改變社區結構。

運用理論

理論	假設	社區工作
社會學習論	社會參與經驗激發居民改變的動力。	在社區工作中規劃正向的影響因子,提升居民的參與。
社會交換理論	社區與鄰近組織、社群進行權力與利益交換,以達成社區發展的目標。	評估與規劃社區應運用的權力策略。
衝突理論	利益與權力的落差產生衝突,衝突的解決帶來社會變遷。	介入社區內部權力的失衡,以改變社區結構。
多元主義	權力分散為各群體所有,公共決策需透過協調、妥協而產生。	支持者、催化者,激發不同群體的參與,以達成社區發展的目標。
基進社會工作	社區中存在不平等。	以集體行動改變社區結構。

Hardcastle的社區工作理論發展

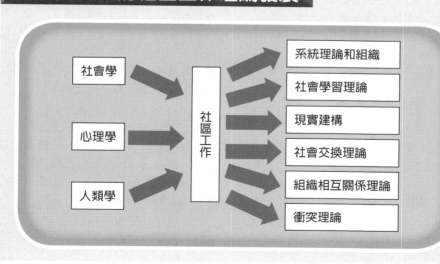

社會學 → 社區工作
心理學 → 社區工作
人類學 → 社區工作

社區工作 →
系統理論和組織
社會學習理論
現實建構
社會交換理論
組織相互關係理論
衝突理論

UNIT 8-4
社區工作三大模式

圖解社會工作

社區工作有不同的工作模式，其中最常被引用的是Rothman在1968年全美社會福利會議發表的《社區組織實務的三種模式（Three Models of Community Organization Practice）》，當時被稱為ABC三模式，即為A地方發展模式、B社會計畫模式，以及C社會行動模式。

（一）地方發展（locality development）

地方發展模式或稱社區發展模式，假設社區居民有能力可以共同決定社區目標，並解決社區問題。地方發展模式關注的社區議題是都市化與工業化帶來的人際疏離，或者是傳統社區中權力集中以致於多數居民未受啓蒙的現象；地方發展模式以一個具體的地區性社區為對象，居民是社區工作中的參與者；地方發展模式的工作著重在過程性目標，在集結居民的過程中建構社區能力（community capacity），社區工作者需要採用民主的程序，以溝通討論的共識技術（consensus tactics）推動社區工作方案；而地方發展變遷的媒介是居民所組成的社區團體，社區工作者本身則扮演引導的角色——使能者（enabler）。

（二）社會計畫（social planning）

社會計畫模式即假設社區中有一些立即的問題與現象需改善，因此社會計畫模式關注社區中實質的照顧、治安、住宅或環境問題，服務的對象可能是一個地理社區，或是一個由共同需求群體組成的功能社區。社會計畫模式的工作對象以消費者、服務使用者的角色參與社區工作；並且有很明確的工作目標，因此著重任務性目標的達成；社區工作者多採用事實發現與分析技術，以社區工作者所屬的組織作為變遷媒介，工作者在其中扮演核心的專家角色，為社區負擔診斷、研究、資訊提供、組織運作及評估的責任，是為社區居民而做（work for the people）的社區工作模式。

（三）社會行動（social action）

社會行動模式假設一群處於弱勢的群體組成一個功能社區，需要被激發、組織或聯合外部力量，以抗衡不平等的處境。社會行動模式關注的焦點是受不公平對待的社會弱勢人口群與其需求，有可能是居住在同一地理區域的人群，或是基於共處不佳的社會處境而聚集組合成的弱勢群體，社會行動的服務對象是工作中的雇主或選民。社會行動模式需要過程性目標與任務性目標兼具，同時強調組織與動員的過程，以及促成結構變遷的最終任務；社區工作者運用衝突技術（conflict tactics），例如面質、示威遊行、聯合抵制、談判等，以集結群眾力量的組織為變遷的媒介，工作者在其中是輔助的倡導者與行動者。

Rothman的模式是「理想」狀態，有些學者認為還須加上幾種模式：❶草根實務（grassroots practice）、❷遊說實務（lobbying practice）、❸動員路徑（mobilizing approach），和❹政治實務（political practice）。

三大模式

	地方發展	社會計畫	社會行動
關注的問題	社區人際的疏離	實質的社區問題	不公平的對待
服務對象	地理社區	地理社區或功能社區	地理社區或功能社區
服務對象的角色	參與者	消費者、服務使用者	雇主或選民
工作目標	過程性目標：社區能力整合與發展	任務性目標：社區實質問題解決	過程性與任務性目標：改變權力關係、資源或制度
變遷媒介	社區團體	工作者組織	群眾團體
使用策略與技術	溝通與共識技術	事實發現與分析技術	衝突技術
工作者角色	使能者	專家	倡導者、行動者

包含男女老幼、貧窮者與富裕者等，共同為社區規劃區域發展的藍圖。

社會工作者與社區居民一起商討對策，著重規劃的取向。

社會工作者與社區居民猶如站在拔河繩的一端，與另一端的統治者及主流階級相抗衡。

Popple社區工作實務模式

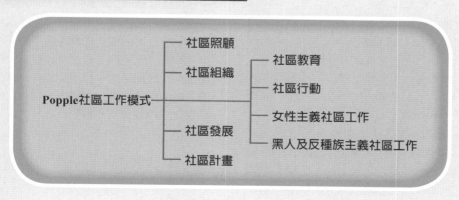

UNIT 8-5
社區工作的過程（一）

圖解社會工作

社區工作是社會工作專業介入方法之一，如同以個人為對象的社會工作實施以及團體工作，社區工作也應有計畫、有組織地接觸社區，與其建立工作關係。進行社區工作的步驟區分為社區工作的前、中、後三階段，其中前階段包含認識社區與評估社區需求；中階段則指組織社區、規劃介入方案以及方案執行的過程；後階段則是方案執行完畢後的績效評估，或稱評鑑的部分。

（一）認識社區

從社區的類型、特質、權力結構與資源等層面了解一個社區。

社區可以是❶行政區域（例如鄉鎮市，或村里），❷日常生活圈（如大臺北生活圈、雙和生活圈），和❸功能社區（相同特質的弱勢群體所組成）。

進一步了解社區必須從各方面資訊蒐集，探究社區的地理位置、歷史文化、人口結構、區域特性。資訊的來源可以是正式的書面資料，第一手的訪問資料，或是由非正式互動中所獲知的不成文規範。

權力結構則涉及社區內的階級與社會互動，同時也劃分出社區的界限，認同並遵守權力結構的人屬於社區的一分子；反之，則可能是此社區的「局外人（外來者）」或是「邊緣人（處於內部的外人）」。權力結構往往也是辨識社區議題與需求的依據。

社區的資源必須從資源的需求、供給、供給方式、資源來源等方面檢視，也藉此標示出社區擁有的優勢和匱乏，以及劣勢的處境。

（二）評估社區需求

依據Bradshaw的區分，需求包含感覺需求（felt need）、表達需求（expressed need）、規範需求（normative need）及比較需求（comparative need），社區工作者可以直接從社區居民的表達、觀察其行為與互動，或從書面與次級資料中歸納社區的需求，或者是將社區與鄰近社區、相似社區做比較。

社區需求評估的方式可以透過大範圍、層面廣的問卷調查，或深度的重要人士訪談；也可以使用聚集社區居民的公聽會，或以社區代表為對象的焦點團體，或是階段式的德非法（Delphi approach）等作為蒐集評估資訊的方式。

（三）組織社區

組織社區可分為正式組織與非正式組織兩個部分。

正式組織是協助社區成立一個可以代表社區爭取資源的單位，例如社區發展協會，社區工作者就必須先行了解成立該組織的法律依據與程序，以諮詢者的角色促成社區成立組織。

非正式組織的組成可能是為了成為社區發聲的代表，或是作為社區自助、互助的媒介，則社區工作者可以在其中運用團體工作的原則，招募並成立一個社區組織。但在非正式組織中，規範與目標與正式組織裡同等重要。

社區類型與組成

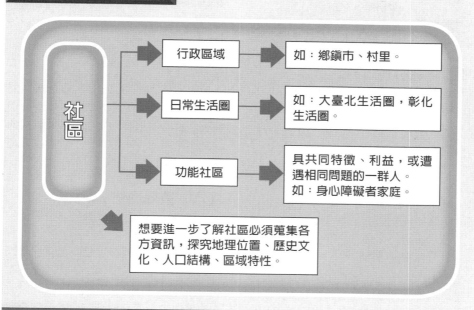

社區

→ 行政區域 → 如：鄉鎮市、村里。

→ 日常生活圈 → 如：大臺北生活圈，彰化生活圈。

→ 功能社區 → 具共同特徵、利益，或遭遇相同問題的一群人。如：身心障礙者家庭。

想要進一步了解社區必須蒐集各方資訊，探究地理位置、歷史文化、人口結構、區域特性。

社區需求

Bradshaw

- 感覺需求
- 表達需求
- 規範需求
- 比較需求

❶規納需求：透過居民直接的表達，對其行為與互動的觀察、書面與次級資料。
❷與鄰近、相似社區做比較。
❸資訊蒐集方式：廣泛的問卷調查、深度訪談、公聽會、焦點團體、德非法等。

UNIT **8-6**
社區工作的過程（二）

圖解社會工作

（四）規劃介入方案

方案的規劃需要顧及的層面包含方案的目標、工作期程、標的人口與預算來源。

方案的目標必須明確、具體、可達成。並從方案目標推衍出工作的內容，包含主責的單位、所需的人員與配備、操作的方式和步驟，與如何做成相關的紀錄。接著訂出工作期程，方案預計於何時開始、何時結束，進行的頻率，是否有接續的計畫等。

標的人口則涉及社區的需求，介入方案應是為解決社區議題而執行，因此工作的對象也應該依社區評估的結果。若社區中同時有多種議題，介入方案可以以複合式目標呈現，但仍須於計畫中列出優先順序，作為資源分配的依據。

財務是方案執行裡不可或缺的一部分，規劃方案時即應思考預算的來源，是申請政府補助？或是聚集社區內居民財力？還是將社區議題以倡導的方式向社區外部募款？

編列經費時，可依項目來編列，將各項目的支出逐一列出；或依功能來編列，通常可將專案中各項需花費的項目編列出來。另外，還有依照收入支出編列者。

（五）方案執行

執行社區介入方案時，動態管理與參與是首要的原則。

動態管理指的是在執行過程中定期檢視方案的目標與實施方向是否吻合，有無須調整之處，或是社區的需求有無變動；而管理的標的包含方案的進度、預算的使用、人力資源的配置、軟硬體資源的分配等。

參與則是社區工作者與社區居民間的夥伴關係，社區工作的最終目標在於培植社區自助與自治的能力，因此居民的改變動機與過程中的參與，會影響方案執行的成效。

（六）績效評估／評鑑

社區介入方案的績效評估可分為過程評估（質）與成效評估（量）。因此方案一開始設定的目標就應該是可測量或可比較的，社區工作者可以將社區視為一個個案（case），以方案研究的方式，運用不同量或研究方法，透過多元的資料來源，深入探討社區在介入方案前後的改變。

而績效評估／評鑑者可以是社區內部的代表，藉著對社區的熟悉提出建議；或者是聘請外部的專家，以客觀的角度評論社區的變遷。

依據「內政部發展工作評鑑實施要點」規定，社區工作績效評鑑分成三階段，第一階段是自評和初評，第二階段是縣市政府複評，第三階段是內政部評鑑。

小博士解說

虛擬的社區

網際網路與社區工作：

❶ 網路社群已成為社會工作者可運用的媒介與潛在工作對象。

❷ 網路資訊成為社會工作者的工具和須留心的影響因子。

社區工作過程

認識社區	評估社區需求
→社區類型、特質、權力結構與資源	→感覺需求、表達需求、規範需求、比較需求

組織社區	規劃介入方案
→正式組織／非正式組織	→方案目標、工作期程、標的人口、預算來源

方案執行	績效評估／評鑑
→「動態管理」與「參與」原則	→過程性評鑑／成效評鑑

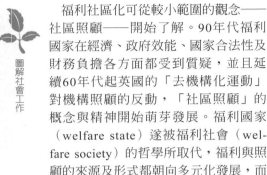

UNIT **8-7**
社區工作應用的議題

（一）社會福利社區化

　　福利社區化可從較小範圍的觀念——社區照顧——開始了解。90年代福利國家在經濟、政府效能、國家合法性及財務負擔各方面都受到質疑，並且延續60年代起英國的「去機構化運動」對機構照顧的反動，「社區照顧」的概念與精神開始萌芽發展。福利國家（welfare state）逐被福利社會（welfare society）的哲學所取代，福利與照顧的來源及形式都朝向多元化發展，而社區便是政府之外福利服務資源另闢的源頭。

　　1994年Payne便分析社區照顧的意涵包含：❶以有長期照顧需求者為對象；❷社區照顧重要目的之一即是去機構化（de-institutionalisation）；❸以「組合式照顧（mixed economy of care）」提供照顧資源；❹優先採用非正式照顧資源；❺服務使用者選擇權；❻需求導向（need-led）的服務；❼由社區服務更多人，也抑制國家福利預算。蘇景輝（2009）分析這樣的福利服務政策隱含的當代意義為：❶需照顧人口增加，照顧供給不及因應需求。❷機構照顧有其缺點，形成社會隔離與損害服務對象身心理、社會功能。❸家庭照顧有其限制，照顧者難以長期負荷。❹同時考量機構照顧的成本與國家福利部門、預算的危機。❺結合社區則可以營造人性化的照顧環境。

　　於是，需求人口群聚而居的「社區」，成為社會福利實施的訴求對象。無論是社區照顧，或更廣泛的福利社區化都包含「在社區中接受服務（in the community）」以及「由社區服務（by the community）」的兩個核心概念，將公部門、市場、非營利組織與社區本身的非正式資源結合。

（二）社區培力（empowerment）與社區能力建構（capacity Building, CCB）

　　社會工作的價值在於尊重服務對象的自主性和參與。社區工作的方法中，社區培力即是激發社區公民意識、建立社區資本與發展技巧，及塑造永續發展社區潛力的工作途徑。而「培力」所指的是使個人、組織以及社區在相關事務上獲得控制能力與權力的機制，其工作的對象有個人、組織層級及社區層級。社區層級的培力因包括組織的聯繫，且最具成效。

　　Hamilton將社區培力分為三層面：
❶ 認知層面：著重成員對社區的了解，與覺知目前的處境，屬於社區工作能力的建構。
❷ 心理層面：增強居民的正向態度、信念與公民意識。
❸ 經濟層面：培植社區內部的社會資本，建立社區自助永續發展的動能。

　　社區培力與社區能力建構的理念經常被一併討論，社區能力建構運用於社區工作中的概念較社區培力更為廣泛，不只介入社區內部能力——泛指社區資源（capacity in community）與社區優勢（capacity of community），也發展社區間的結盟合作（capacity between communities），以及強化社區永續發展的潛力（capacity beyond community）。

福利社區化

❶能夠提供的照顧資源，與需要照顧的人口之間，有供不應求的情況。
❷機構照顧有其缺點，容易使服務對象與外界社會隔離，造成其身心理、社會功能受損。
❸家庭照顧有其限制，照顧者須付出照護的心力與體力，長期下來，身心方面難以負荷。
❹機構照顧成本與國家福利預算的考量。
❺結合社區的照護，可以營造較人性化的照顧環境。

❶在社區中接受服務
（in the community）
❷由社區服務
（by the community）

能力建構面向

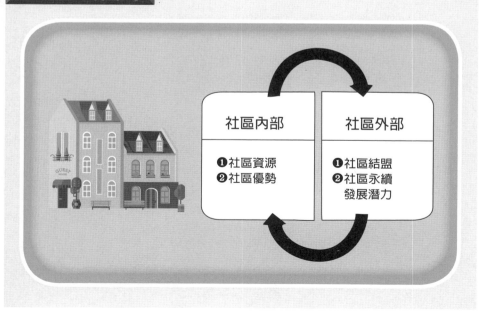

社區內部	社區外部
❶社區資源 ❷社區優勢	❶社區結盟 ❷社區永續 　發展潛力

第 8 章　社區工作與社區組織

131

第 9 章
社會工作實施領域

●●●●●●●●●●●●●●●●●●●●●●●● 章節體系架構 ▼

UNIT **9-1**
兒童

兒童福利或是社會工作中的兒童服務，首要的目的是維護兒童成長與發展的權益。而絕大部分的兒童都來自於家庭，因此兒童服務方案與家庭服務的範疇從不脫勾，服務的對象必須包含兒童的原生家庭、替代家庭或是其他形式的兒童照顧機構。因此歸於兒童福利還是家庭福利？兒童照顧方案還是家庭式照顧方案？始終是兒童服務範疇裡尚待釐清的核心議題。然而不管關注個案是兒童個人或是在家庭中的兒童，兒童服務的介入層次可以分為：(1)兒童所屬的家庭與其個別成員（包含擴展家庭），(2)兒童所處的社區，(3)集中式兒童照顧的機構，(4)兒童所在的社會體系（如學校、同儕、醫療或司法體系）。

兒童服務的方案規劃受社會看待兒童的觀點影響，余漢儀（2005）歸納美國兒童權利運動裡隱含的兒童觀點為：

❶ 傳統觀點（traditional view）

源自美國殖民時代的進步時期（Progressive Era），傳統觀點下的兒童應受父母保護，因此沒有獨立的自主權，社會對其人身、經濟與相關需求也沒有設定特別的規範，但兒童對父母有服從的義務，需在父母的教導與指示之下生活、勞動。

❷ 保護觀點（protective view）

英國濟貧法（Poor Law）的時代，國家「代行親權」的規範產生，由此可知，國家即是兒童的保護者；而美國在1820年代也有相關規範，賦予法院權利代替無能力的父母行使親權。而後19世紀，少年法庭、童工法令、義務教育、兒童保護通報等規定紛紛建立，兒童不再僅僅附屬於父母，而是國

家擁有的資產，因此國家有權擔任兒童保護的角色。

❸ 解放觀點（liberationist view）

1960年代後期，兒童是否應與成人一般，擁有某些權利的「兒童解放」議題開始被討論，例如兒童對於自我隱私、財務與教育等的決定權與選擇權應受到尊重和保障。保護觀點擁護者的主張是：完全的保護方能確保兒童健全的發展；而解放觀點支持者質疑兒童發展與社會需求是否在成人保護之下受到壓抑？兒童權益應著重於讓兒童擁有主體性、發展性，與其在社會體制中的能動性。

綜觀兒童福利與服務方案，Kadushin（1980）將其分為四種類型的服務內涵：

❶ 支持性服務

提供給結構完整、功能尚佳，但有部分家庭結構或是內部脆弱需協助的家庭，例如親職教育、家庭諮商等低密度的介入。

❷ 補充性服務

家庭內有特定成員產生失功能，引致兒童權利受損，提供特殊協助的服務方案，例如經濟補助、托育服務、藥物濫用戒斷治療等，以恢復家庭運作。

❸ 保護性服務

處於危機中的家庭已無能力照顧兒童，並且對兒童有立即的傷害，國家公權力須介入將兒童移出家庭，給予保護。

❹ 替代性服務

服務對象屬於高危機家庭或已處於危機之中，兒童可能已不適於在家庭中生活成長，社會工作尋求替代家庭或替代照顧機構，暫時將兒童帶離家庭，並同時提供原生家庭治療與協助服務。

觀點演進

傳統觀點

❶兒童是父母的附屬品，父母是兒童的保護者。
❷兒童無獨立自主權。
❸必須服從父母，在其指示下生活、負擔某些勞動責任。

保護觀點

❶兒童屬於國家，國家是兒童的保護者。
❷國家產生規範與介入。

解放觀點

❶兒童是擁有獨立自主性的個體。
❷應該賦予兒童自我本身的權益與保障。
❸兒童不該在成人完全的保護下受到壓抑。

服務類型

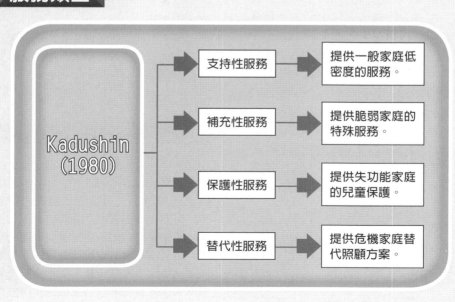

Kadushin (1980)

支持性服務 → 提供一般家庭低密度的服務。

補充性服務 → 提供脆弱家庭的特殊服務。

保護性服務 → 提供失功能家庭的兒童保護。

替代性服務 → 提供危機家庭替代照顧方案。

UNIT 9-2
少年

相較於兒童，少年的定義與服務範疇更曖昧模糊，原因其一是「少年」延續自兒童時期，並銜接成年期，卻無明確的界線可與兒童時期切割，且在一個人的生命歷程裡，「少年」屬於時間短暫的部分；其二是社會文化對於成年的認知與定義會隨著時代、環境條件一再變遷，少年時期終止於哪個時期尚須考量社會建構的層面。最後，以臺灣的立法而言，兒童與少年的福利分分合合，但若是將兒童和少年福利一併討論，總是容易重兒童發展與保護，而忽略少年特殊的需求。

少年與兒童一樣通常生活於家庭中，但比兒童擁有更多的自主性或是向外部發展的空間，提供或是規劃少年服務時必須考量四個層面：

❶ 少年本身身心發展階段

最常被借用的理論是Erikson的發展理論，少年（約12至18歲）處於自我認同建立的時期，必然會面臨一些內在的矛盾與衝突，若不能成功發展正向、清晰的自我形象，則會陷入混淆的自我認同危機中。

❷ 同儕文化

少年具有一定程度的自我照顧能力，因此不必全然依附於家庭，已能向外發展建立社會關係，而同儕是此時期影響少年發展的重要因素。與少年工作或是分析評估少年需求時，同儕團體的期待與次文化是首要參考依據之一。

❸ 家庭或照顧體系的功能

儘管少年已有一部分成人的能力，卻仍須成人提供支持與照顧，家庭是否有能力照顧此時期的少年，並回應少年特殊的心理需求；少年與家庭間有無衝突發生；或是非生長於家庭中的少年是否安置於適合的照顧機構，在機構中適應的情形如何？都是影響少年身心健全的因素。

❹ 學校體系

在多數的國家中，少年仍在受教育的階段。學校是少年一天之中停留最長時間的體系，學校裡的制度、教育方式、教育人員、學校與家庭的關係等，也是少年發展的影響要素。

陳毓文（2011）提醒社會工作者，少年的需求與問題通常有共存性，因為少年問題是少年本身與其所處的環境、系統間互動的結果，社會工作者應將少年視為情境中特別敏感、脆弱的個人。

陳毓文（2011）將現有的少年服務分類為(1)經濟補助，(2)安置照顧服務，及(3)預防支持輔導服務。少年福利仍重附屬性、殘補式，原因其一是少年仍依附在家庭之下接受福利服務，例如低收入戶家庭中的少年就學補助；另外，少年福利法規偏重於預防矯治偏差行為，缺乏一般少年發展所需的社會支持和資源。

🙂 小博士解說

代理照顧者的少年

生心理尚處於發展中的少年，若因為家庭失功能、家庭成員喪失照顧能力，可能變成潛在的代理照顧者，負擔家庭照顧與維持的角色，甚至經濟的來源；但又同時肩負累積社會資本、發展同儕關係的階段性任務。少年在雙重壓力下，家庭若無法改善狀況或獲得外力支持，可能會犧牲少年個人發展需求。

定義

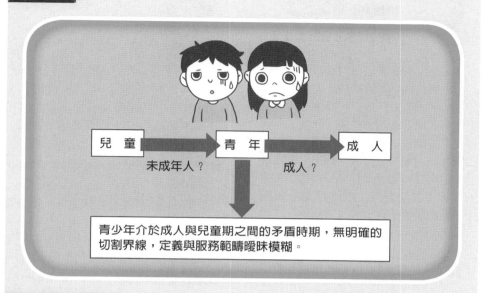

兒童 → 青年 → 成人

未成年人？　　　成人？

青少年介於成人與兒童期之間的矛盾時期，無明確的切割界線，定義與服務範疇曖昧模糊。

評估面向

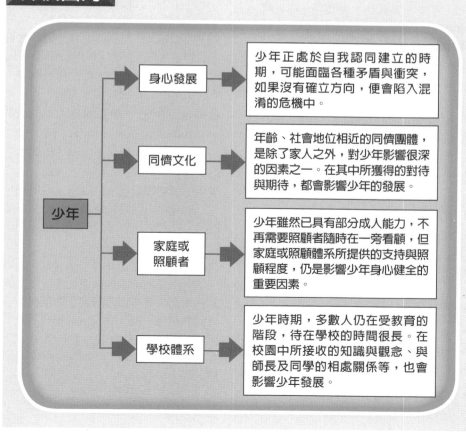

少年

身心發展 → 少年正處於自我認同建立的時期，可能面臨各種矛盾與衝突，如果沒有確立方向，便會陷入混淆的危機中。

同儕文化 → 年齡、社會地位相近的同儕團體，是除了家人之外，對少年影響很深的因素之一。在其中所獲得的對待與期待，都會影響少年的發展。

家庭或照顧者 → 少年雖然已具有部分成人能力，不再需要照顧者隨時在一旁看顧，但家庭或照顧體系所提供的支持與照顧程度，仍是影響少年身心健全的重要因素。

學校體系 → 少年時期，多數人仍在受教育的階段，待在學校的時間很長。在校園中所接收的知識與觀念、與師長及同學的相處關係等，也會影響少年發展。

UNIT 9-3
學校社會工作

在美國，1906年波士頓及紐約等學區的公立學校開始聘用學校社工員，處理公立校園裡霸凌、幫派、師生衝突、藥物濫用與攜帶武器等問題，社會工作者得以在校園裡推展專業。在臺灣，則是民國66年由家扶基金會（CCF）首先進行校園服務方案，以社會福利機構派遣的方式，讓學校社工員定期進入校園中，協助處理學童、青少年問題。

學校社會工作的目的，是協助學生校園適應，而校園適應的層面很廣，包含學習能力、人際關係、師生溝通或家庭與學校、學生三方的互動等，學校社會工作的角色是輔助教育工作者，使學生獲得最佳的受教權益，並預防、處理學生所遭遇與學校相關或影響求學任務的階段性問題。

而學校社會工作的實施型態包含傳統臨床（traditional clinical model）、學校變遷（school change model）、社區學校（community school model）與社會互動（social interaction model）等多種，但以目前臺灣的實施型態，則大致可分為外部支援、內部巡迴支援與內部駐校三類：

❶ 外部支援

如同初始CCF所使用的方式，社會福利機構派員進入學校中提供協助，或是學校委託外部社會福利機構處理校園個案。

❷ 內部巡迴支援

政府教育部門自行聘僱社會工作員，每一位學校社會工作員負責幾所學校，巡迴校園服務。

❸ 內部駐校

指由政府教育部門聘僱的社會工作員，常駐於學校裡，納入輔導體系成為輔導團隊的一員。

而學校社工在學校中實施的工作模式，林萬億（2011）則將其歸納為三類：

❶ 傳統臨床模式（traditional clinical model）

最早期的學校社會工作途徑，將校園問題歸因為學生個人適應不良，或是學生的家庭問題，因此工作的重心在學生個人的治療與諮商。

❷ 學校變遷模式（school change model）

為1960年代以後發展出的工作模式。學校社會工作者開始關注學校體系對於學生的影響，不適當的教育方針或教育人員對學生產生不良的影響，導致校園適應不良或偏差行為，因此學校社會工作變遷的標也包含學校本身。

❸ 學校—社區—學童模式（school-community-pupil model）

1970年代學校社會工作把工作的核心擴展至學生、學校、家庭三方面。處理學生、校園問題應一併處理家庭與學校的互動關係，同時需考量學校、家庭所處的社區因素，將環境的條件納入介入方案。

學校社會工作是社會工作者進入的另一個專業領域，因此社會工作者在社會福利機構／體系與教育體系間應扮演仲介者的角色，而在學校、學生和其家庭間扮演催化者的角色，並在社區中倡導學生、兒童與青少年相關的權利議題。

實施型態

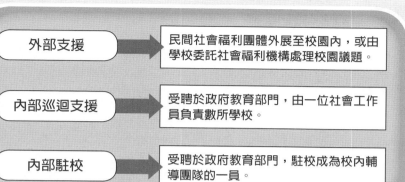

外部支援	民間社會福利團體外展至校園內,或由學校委託社會福利機構處理校園議題。
內部巡迴支援	受聘於政府教育部門,由一位社會工作員負責數所學校。
內部駐校	受聘於政府教育部門,駐校成為校內輔導團隊的一員。

工作模式

工作模式	問題歸因	變遷標的
傳統臨床模式	❶學生適應不良 ❷學生家庭問題	學生
學校變遷模式	學校體制不適	學校
學校—社區—學童模式	互動關係失衡	學生、學校、家庭及社區

學校社會工作目的

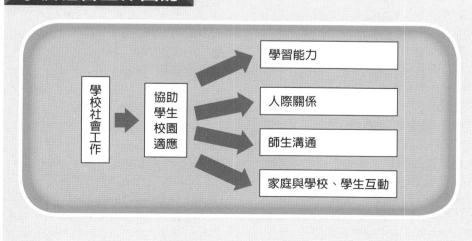

學校社會工作 → 協助學生校園適應 →
- 學習能力
- 人際關係
- 師生溝通
- 家庭與學校、學生互動

UNIT 9-4
身心障礙者

圖解社會工作

身心障礙從人類歷史的一開始即已存在，因此福利服務的類型也相當多元，經濟補助、醫療與復健服務、居住服務、就業協助與照顧服務等，都已具有相當多樣貌的服務型態。但在討論身心障礙服務時，不可遺忘社會看待身心障礙者的觀點，影響服務介入的角度與服務設計的架構。

1996年Oliver的個人模式與社會模式是最常被運用的觀點。個人模式將障礙歸因於個人的缺損，以醫療化的觀點規劃個人治療與協助方案；社會模式則認為障礙來自於社會壓迫，質疑障礙的本質非單純個人因素所致，主張應以集體行動帶來社會變遷，規劃國家照顧政策。晚近的障礙觀點則有關係模式與權利模式，關係模式來自於北歐福利國家，認定障礙是人與環境的不適合，具有情境的意義；而權利模式則是近年英國社會工作者廣為運用，主張人人在國家公民權上的平等，伸張障礙者的社會權利。

另外，美國的獨立生活運動在1970年代影響許多國家紛紛設立障礙者自立生活中心，強調讓障礙者自行組織與決定服務的型態，行使其人權與公民權，配合當時的消費者權益運動，障礙者從被動的受照顧者形象中顛覆，成為主導服務的使用者。

民國69年的「殘障福利法」，是臺灣最早的身心障礙福利法規，在當時卻是有名無實的法案，徒具宣示意義而無實施與規範的效力。79年在民間社會福利團體力爭之下，「殘障福利法」納入教育權、應考權、工作權、居住權、參政權、就業權等基本權利；而後86年修正為「身心障礙者保護法」，

直至96年才又歷經一次大修，採用ICF（功能、障礙與健康國際分類系統，International Classification of Functioning, Disability, and Health）重新分類身心障礙的類別，更名為「身心障礙者權益保障法」。

ICF分類系統的概念是由世界衛生組織（WHO）於1980年公布的ICIDH（國際障礙分類系統International Classification of Impairments, Disabilities and Handicaps）所演進而來。ICIDH分類系統終將障礙分為損傷（impairment，個體功能上的缺損）、障礙（disability，受限於身體功能缺損的能力限制）、殘障（handicap，因行為、能力限制，在社會環境下有生活參與困難）三個概念，然而以疾病與身體缺損為分類依據的ICIDH卻被批評為過度醫療與個人取向。2001年WHO修訂ICIDH-2（ICF前身），改以跨領域、跨學科的觀點，採用不同國家與時間點對身心障礙科學研究的數據、資料納入環境，致使能力受限的因素，以及障礙者社會參與的需求，建立一套討論身心障礙議題的共通語言，將障礙分為四個面向：身體功能（body function，b碼）、身體結構（structures，s碼）、活動與參與（activities & participation，d碼）及環境因素（environmental，e碼）和個人因素的層面。

從法規中檢視目前臺灣的身心障礙福利，社會工作者與社政單位仍是負擔主要責任的專業與單位，身心障礙的政府部門通常主司經濟補助，照顧服務、居住服務與就業服務多委由民間單位辦理；社會工作者在身心障礙服務領域需要與多專業合作，以權益觀點鼓勵並伸張障礙者與其家庭的社會參與需求。

障礙概念演進

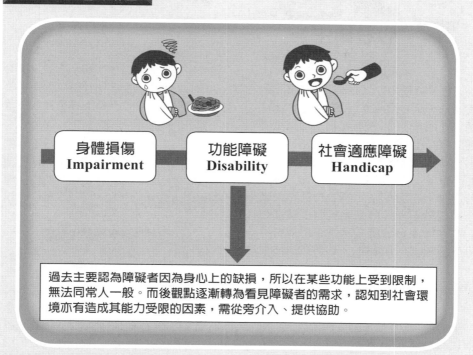

身體損傷
Impairment

功能障礙
Disability

社會適應障礙
Handicap

過去主要認為障礙者因為身心上的缺損,所以在某些功能上受到限制,
無法同常人一般。而後觀點逐漸轉為看見障礙者的需求,認知到社會環
境亦有造成其能力受限的因素,需從旁介入、提供協助。

ICF障礙分類系統架構

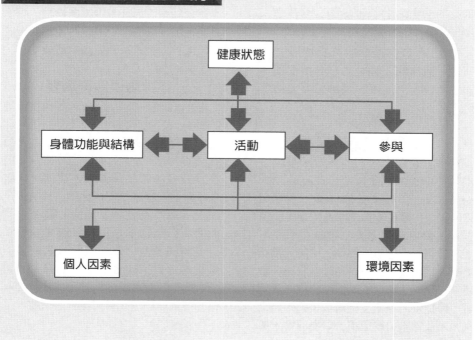

健康狀態

身體功能與結構

活動

參與

個人因素

環境因素

UNIT 9-5
心理衛生

圖解社會工作

　　在美國，1906年第一批社會工作者即被紐約曼哈頓州立醫院聘用，在醫院中從事心理衛生相關的服務；1963年甘迺迪（Kennedy）總統提出心理衛生議題的重要性，他主張心理衛生議題有三個重要任務：❶了解精神疾病與智能不足，❷增強基本知識與人力資源，❸改善服務方案與設施。第二次世界大戰後，退伍軍人的創傷後壓力症候群凸顯心理衛生資源與服務並非精神病患專有的需求。1946年「心理衛生法案（Mental Health Act）」成為美國培訓精神醫療、社會工作、心理與護理相關專業人員的依據。

　　在臺灣，心理衛生的服務依據：一是在民國84年將精神疾患納入障礙類別的「殘障福利法」，再者則是79年頒訂的「精神衛生法」。因此臺灣社會工作者在心理衛生領域的服務，多半融入身心障礙或是醫療體系。

　　社會工作者在心理衛生領域的服務應分為三個範疇：社區心理衛生促進、急性精神疾患處置、精神障礙康復服務。

（一）社區心理衛生促進

　　因為心理衛生概念的普及，美國各州早有社區心理衛生中心（community mental health center, CMHC）提供服務，包含：❶住院、門診及照護等緊急服務，❷兒童與老人心理衛生服務方案，❸個人及醫療、學校、法院、福利機構等相關單位的諮商和教育服務，❹轉介心理衛生機構的篩檢服務或介入方案，❺提供心理衛生機構住民的中途之家服務及後續追蹤服務，❻酗酒者、藥癮者與施暴者的治療服務。臺灣這樣的社區心理衛生服務多由社區中的衛生所或稱健康服務中心執行，提供社區民眾衛教、精神病患追蹤服務。

　　社區心理衛生促進的工作範疇不限於已面臨心理衛生問題的個人，而是從預防與宣導的層面營造社區中有益的心理衛生環境條件。

（二）急性精神疾患處置

　　其次則是在醫療體系裡的精神醫療社會工作。精神醫療專業團隊包含醫師、護理師、社會工作師、職能復健師與心理師；社會工作者在其中擔任病患家屬與醫療團隊之間的橋梁，因為家屬的了解與支持是精神疾病治療成效的關鍵；此外，社會工作者也是醫院與社區的媒介，結合社區資源，在出院準備或是重返社區生活計畫中提供建議，減少病患住院期間的社會隔離，提升疾病復原期間再度融入社區生活的可能性。

（三）精神障礙康復服務

　　慢性化的精神疾病患者一般稱為精神障礙者，與疾病的共存成為其一生的課題，社會工作者也是精神障礙者服務體系裡的主軸。首先，社會工作者應為精神障礙者連結社區資源，諸如居住服務、就業服務或是支持團體；其次則是障礙者與其家庭、家屬間的諮商，障礙的認識與接納是精神障礙者和家屬（或照顧者）之間共同面臨的議題；最後，社會工作者應扮演倡導者的角色，提升社會環境對精神疾病、精神障礙的理解，創造友善與包容的環境。

起源依據

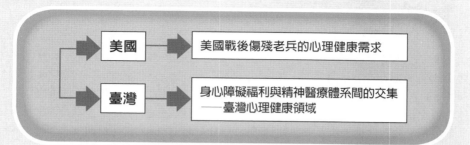

美國 ➡ 美國戰後傷殘老兵的心理健康需求

臺灣 ➡ 身心障礙福利與精神醫療體系間的交集
——臺灣心理健康領域

服務範疇

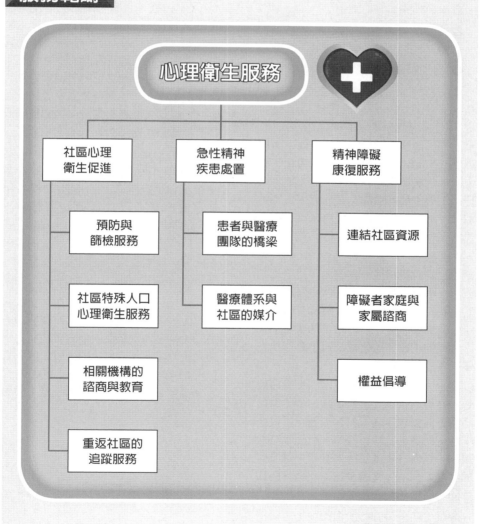

心理衛生服務

社區心理
衛生促進

急性精神
疾患處置

精神障礙
康復服務

預防與
篩檢服務

患者與醫療
團隊的橋梁

連結社區資源

社區特殊人口
心理衛生服務

醫療體系與
社區的媒介

障礙者家庭與
家屬諮商

相關機構的
諮商與教育

權益倡導

重返社區的
追蹤服務

第 9 章 社會工作實施領域

143

老人

老年人口的增加是全球性的人口結構變遷趨勢，然而老化並非疾病，Rowe與Kahn（1997）的老化研究中提到：「新的千禧年裡，老人學家將越來越重視如何促進成功老化，或是老人該如何獲得他們在環境中的能力。」，他們並提出成功老化的關鍵特徵：

❶ 避免疾病與身心障礙。

❷ 持續的社會參與和從事生產性活動。

❸ 維持良好的身體與心理功能。

Rowe與Kahn（1997）認為成功老化的可能性將視個人的選擇與行為而定。因此他們研究人們如何生活與飲食，從中觀察生活形態與性格因素如何影響成功老化的機會，最後提出在生理上降低疾病與失能的風險；在心理上維持心智與生理的功能；在社會上積極參與社會活動三項特徵，作為決定成功老化的主要面向。

在此架構下，健康與活動力才是老人是否以富有累積性、創造力方式老化的依據，因為年齡增長未必伴隨醫療支出的成長；相反的，身心障礙與由於老化所致的健康狀態不良，才是導致醫療支出成長的主因。老化並非以年齡作為衰弱程度評估的單一標準。

因此，老人與青壯年人口一樣，所需要的社會服務應該包含生活、生命階段的多面向需求建構，只是需因應進入老年時期的身心狀態與特質，以此做特殊規劃。包含老年生活所得支持、健康照顧、老人住宅、交通接送、社區參與和休閒、財產信託等法律諮詢。

老年生活所得維持所指的就是經濟補助。老人因為退休、生產力減弱，必然面臨經濟收入減少或停止；另外老人若是因疾病或失能而有醫療及照顧需求，支出又是一大負擔，因此從工作所得中規劃退休準備金，以及醫療社會保險裡對疾病、長期照顧需求的社會風險分擔，都是老人福利服務的一部分。

健康照顧包含醫療與長期照顧兩個層面，Castries（2009）的研究指出，儘管65歲以上的長者使用醫療資源的趨勢成長，但85歲以後，相較於醫療資源，使用長期照顧資源的比率更快速攀升。因此健康照顧必須考量健康老人的急性疾病照顧（包含醫療資源與醫療保險），以及失能老人在長期照顧機構或社區中的照顧安排。

再者是促進社會參與的部分，亦必須考慮到兩個層面：健康老人的社會參與，和失能老人社會參與障礙的排除。健康老人可以透過提供高齡教育、休閒活動與老人社團，建立非正式的支持網絡，增強社會連帶感；失能老人則需要無障礙的居住環境、交通設施與指示，協助獨立生活和鼓勵社交連結。

最後，當老人臨終或失去行為能力的階段，或是即便在老人尚有自主能力的時期，財產信託與繼承的處置、照顧責任的歸屬等方面，需要法律專業的介入，社會工作者在此則需擔任老人的服務中介者。

成功老化

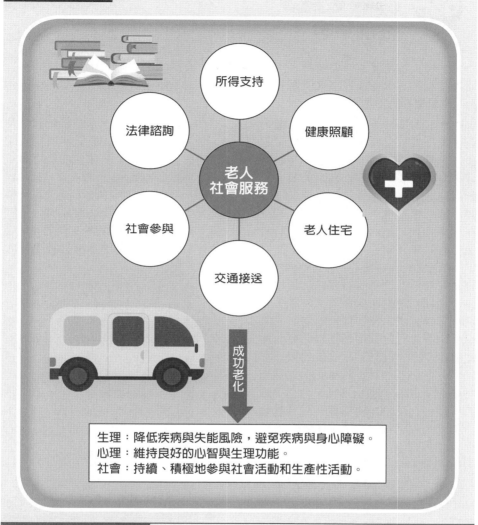

老人社會服務

所得支持
法律諮詢
健康照顧
社會參與
老人住宅
交通接送

成功老化

生理：降低疾病與失能風險，避免疾病與身心障礙。
心理：維持良好的心智與生理功能。
社會：持續、積極地參與社會活動和生產性活動。

促進社會參與

社會參與是成功老化的靈丹

友善的高齡社會應包含使能與障礙
排除兩種作為

UNIT **9-7**
性別平等

圖解社會工作

「性別」在社會工作專業裡，無論對專業工作者本身或是服務使用者方面，都是重要的課題。

社會工作是一種偏重女性的專業，社會工作者以女性居多，而服務對象也多半為女性（原因可能是女性較有意願向外求助，或是女性陷入困境的機率較高）。而社會工作對於性別的關注起於婦女權益維護的議題，臺灣在民國85年通過的「性侵害犯罪防治法」、87年「家庭暴力防治法」及91年「兩性工作平等法」，在此時期性別議題毫無疑問地是討論存在「男性」與「女性」間的社會正義；93年「性別平等教育法」將「性別認同」定義為「指個人對自我歸屬性別的自我認知與接受」，已將「兩性」的概念以「性別」取代，性別（gender）的意涵遠比兩性（sex）更為廣泛，考量不限於男性、女性的社會處境，尚且包含同志（主流異性戀之外的同性戀與雙性戀）文化及跨性別的自我認同，所指涉的社會議題也更複雜多元。

近期，經過一年多的規劃撰寫，100年行政院頒布《性別平等政策綱領》，以「性別平等是保障社會公平正義的核心價值」、「婦女權益的提升是促進性別平等的首要任務」、「性別主流化是實現施政以人為本的有效途徑」為三大基本理念；其中包含七大核心議題：「權力、決策與影響力」、「就業、經濟與福利」、「教育、文化與媒體」、「人身安全與司法」、「健康、醫療與照顧」、「人口、婚姻與家庭」及「環境、能源與科技」，然而其中政策所涉及的範疇主要仍在營造婦女的社會公平處境，創造反歧視與平等的機會。

同志議題的倡導則是萌芽於民國82年由「同志助人者協會」、「Queer & Class」、「同志公民行動陣線」及「教師同盟」4個團體所共同組成的「同志諮詢熱線」，並於89年立案正式命名為「社團法人台灣同志諮詢熱線協會」，組織運作全國性同志社群，帶動性別平等教育、同志家庭與親密關係、愛滋病防治知識與老年同志等議題的社會運動，並聘有專職社會工作人員。

綜合上述，民間部門的性別社會工作已走向多元性別的領域，並將隨著多元性別認同而衍生的人權、教育和婚姻權等視為工作範疇，社會工作者在其中負擔倡議者與催化的角色；然而政策面仍專注於兩性在經濟安全、就業權益、參與決策、醫療照顧及法律上平等地位，以及婚姻和家庭中婦女的人身安全和保障，服務體系則是以投入婦女人身安全保障的資源為最。

🙂小博士解說

性工作除罪化

除了性別平等、性別認同的議題，性工作／交易除罪化是社會工作者在性別領域中參與社會運動、組織社群的一塊版圖，工作的對象跨出「性別」的靜態定義，涉及包含複雜社會關係互動的「性」，與其中的弱勢處境。

偏重女性的專業

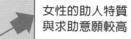

社會工作多被視為女性扶持女性的專業之可能原因

→ 女性的助人特質與求助意願較高

→ 女性面對社會風險的機率較高

從「兩性」到「性別」

兩性平等

處理男性與女性的社會處境所衍生的不平等
→《性別平等政策綱領》

工作範疇：
❶權力、決策與影響力
❷就業、經濟與福利
❸教育、文化與媒體
❹人身安全與司法
❺健康、醫療與照顧
❻人口、婚姻與家庭
❼環境、能源與科技

性別平等

在多元的價值下處理「性別認同」的社會議題
→同志諮詢熱線協會工作目標

工作範圍：
❶性別平等教育
❷愛滋病防治與權益
❸婚姻權
❹同志伴侶家庭與親密關係
❺老年同志
❻多元性別認同者人權

UNIT 9-8
醫療與健康照護

圖解社會工作

世界衛生組織（World Health Organization, WHO）對健康的定義是：身體、心理及社會達到完全安適狀態，而不僅是沒有疾病或衰弱而已。個人不健康的狀態直接所需的即是醫療或健康照護資源。

（一）醫療社會工作

社會工作在醫療領域的功能即是維護醫療品質，提供病患甚至是家屬醫療之外的心理、社會需求評估和服務。1905年美國波士頓麻州綜合醫院首先成立醫療社會工作部，是社會工作與醫療的首度結合，當時的社會工作部所主張的是藉著運用社會與社區資源，將有益地提供全面性、積極性的醫療照顧，並讓照護品質提升及成效加成。而健康照護的領域中，社會工作者將提供專業知識和技能，和公共衛生、復健、醫療照護、公共福利等部門合作，從個人心理社會層面切入，著重以社會和社區資源預防與延緩失能（disable）與衰弱（fragile）的發生。

醫療專業發展得早，已是健全強勢的專業，在這樣的體制下社會工作在醫療專業與受照護者之間的橋梁角色，主要目的即是緩和強勢專業造成醫護人員與受照護者間的隔閡。因此不僅僅是服務對象需要社會工作者，醫療專業亦是如此，使得醫療社會工作儘管起步得較晚，卻在社會工作各領域裡發展相對穩定。在臺灣，醫療社會工作則是發源較早且穩健的領域，在醫療院所裡多以成立「社工室」或「社會服務室」的方式提供服務，因此醫療社會工作又常稱為醫務社會工作或臨床社會工作。

醫療社會工作者的工作對象除了受照護者之外，還有家屬，以及醫療團隊；工作的目的則包含維護醫療權益、協助溝通醫療決策以及出院準備、解決弱勢家庭就醫障礙，及處理醫療過程中可能產生的情緒問題等。

（二）健康照護的社會工作

健康照護則是因應醫療進步減緩疾病惡化與致命率，與高齡化的人口結構下老化所帶來的失能照顧需求，健康照護的成本在邁入老年後的成長速度，逐年超越相對於在急性醫療上的花費。

而終極的健康照護工作場域則是臨終安寧照護（hospice care）。依據聯合國世界衛生組織（WHO）的定義，安寧照護是指：

照護威脅生命疾病的病患（with life threatening illness），目的是為了提升病患及其家屬的生活品質（improves the quality of life of patients and their families）。

安寧照護與醫療一樣需由一個專業團隊共同提供服務，包含醫師、護理師、營養師、復健師、心理師等，而社會工作者其中主要處理的是受照護者與家屬心理、情緒與社會問題的評估與建議，以及建立公共關係、募集必須的社會資源、志工的招募與培訓，和病患家屬的哀傷輔導等。

綜上，社會工作者在醫療與健康照顧體系中可介入的層級包含三層：

❶ 第一級——預防、早期篩檢與治療。

❷ 第二級——輔助接受治療、家庭衛教及出院計畫。

❸ 第三級——失能照顧資源安排、臨終照護與家庭支持。

醫療社會工作

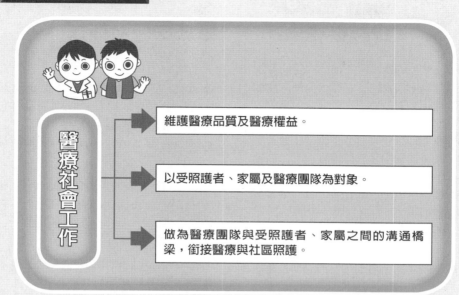

醫療社會工作

- 維護醫療品質及醫療權益。
- 以受照護者、家屬及醫療團隊為對象。
- 做為醫療團隊與受照護者、家屬之間的溝通橋樑,銜接醫療與社區照護。

健康照護

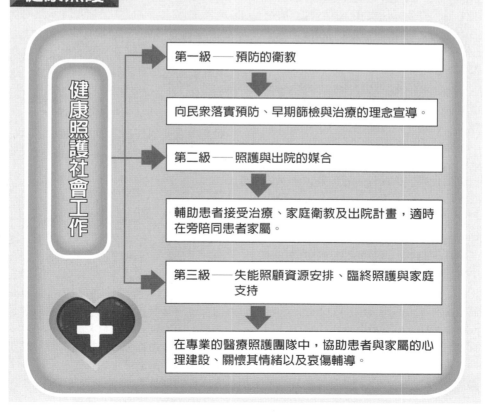

健康照護社會工作

- 第一級──預防的衛教
  - 向民眾落實預防、早期篩檢與治療的理念宣導。
- 第二級──照護與出院的媒合
  - 輔助患者接受治療、家庭衛教及出院計畫,適時在旁陪同患者家屬。
- 第三級──失能照顧資源安排、臨終照護與家庭支持
  - 在專業的醫療照護團隊中,協助患者與家屬的心理建設、關懷其情緒以及哀傷輔導。

UNIT 9-9 少數群體服務——原住民與新移民

圖解社會工作

多元文化的概念除了前面簡述的性別多元認同，尚且包含宗教、種族與族群等次文化。對社會工作者而言，了解少數族群的文化與經驗之所以重要，是因為社會工作者多來自於主流文化教育體制，較少體驗少數族群因主流文化的優勢所帶來的壓迫和邊緣化，及其所影響少數族群所能獲得的社會地位、機會和決策權力。

臺灣的少數群體社會工作大致包含原住民與新移民兩種對象。臺灣的原住民一開始所用的命名來自日據時期日籍學者的研究分類；民國80年代解嚴後的民主風氣，帶來一波正名運動，由於族群的命名、獨立性判定等涉及資源的分配，至今許多原住民族仍進行獨立與正名的運動，意味著少數族群在統治族群政體下生存，追求正統性和獨特性對其群體的重要。

依據「入出國及移民法」，移民應包含親屬、經濟、專業及技術移民四種類型，也就是「婚姻移民（marital immigrants）」與「移工（migrant workers）」。然而移工所屬的群體多為來自第三世界經濟條件較差的國家，又以女性從事家庭看護、幫傭或是於照顧機構中工作者為多，因而產生無論是婚姻移民或是跨國勞工，都是女性為多的「移民女性化（feminization of migration）」現象。

社會工作者在從事少數群體服務時需具備「文化勝任能力（cultural competence）」，2000年美國社會工作教育協會（CSWE）修訂的「專業倫理守則」即將多元文化能力訂為：

❶ 了解文化及其對人類行為和社會的

功能；

❷ 具備服務對象文化背景的知識基礎，並在提供服務過程中展現對服務對象文化差異的敏感度；

❸ 透過教育，致力於對多元文化與權力壓迫的了解。

美國社會工作專業人員協會（NASW）2001年將文化勝任能力定義為：

個人與制度以尊重且有效率的態度回應不同文化、語言、階級、種族、民族、宗教的群體，並辨識且重視其個人、家庭及社區的價值，亦維護每個人的尊嚴。

而Green（1995，引自李聲吼）對跨文化社會工作者需具備的能力做以下說明：

❶ 了解個人本身文化的有限性。

❷ 對文化差異保持開放的態度。

❸ 以案主導向，系統的學習型態來進行工作。

❹ 盡可能應用各種文化資源。

❺ 尊重各別文化的一貫性與多元性。

綜合而論，多元文化的工作價值正是Carter所述：「我們並沒有成為一個大熔爐，而是成為以不同人種、信仰、渴慕、希望與夢想，拼貼成的美麗圖像。」，社會工作者秉持的是多元包容與理解的原則，透過自我覺知，貼近少數群體的生命經驗，以協助少數群體在主流體制下的適應，並倡導、爭取其保有文化的權益。

移民類型

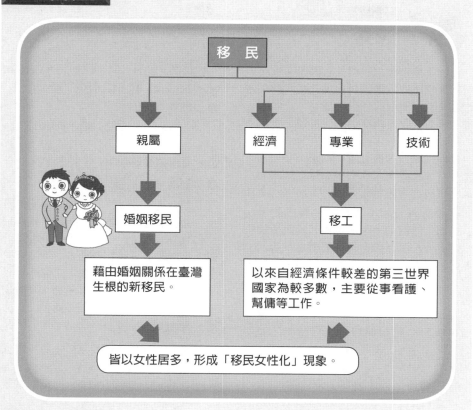

具備能力

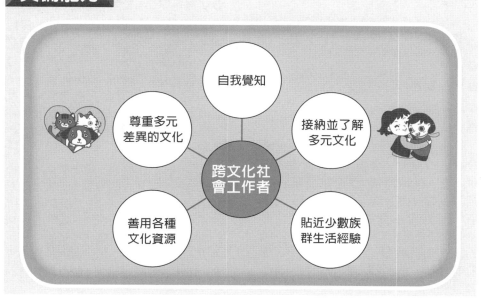

UNIT **9-10**
災難

災難，是指因自然或人為因素導致的災禍，它造成大量人員受傷死亡、財產損失，有時徹底改變自然環境，一般都以「天災人禍」指稱災難。災難之所以不同於一般緊急事件，是因其無法以單一組織的動員完善處理，組織間必須合作及共享資源，因此增加災難救助的複雜度與被管理控制的需要。

臺灣是個天然災難發生率極高的地區，因位於歐亞大陸板塊與菲律賓板塊聚合處，地震頻仍；另外臺灣也是季風氣候帶上颱風生成、行經的路徑，颱風帶來的強風與豪雨是每年勢必面臨的挑戰。民國88年九二一震災與98年莫拉克颱風造成的八八水災，即是近年臺灣民眾對於災難與救災最為鮮明的記憶。除此之外，災難也可能以人為疏失或大型意外的方式發生，舉凡飛機失事、工地或工廠意外、瓦斯氣爆、火災、土石流等，或93年間爆發的SARS疫情，都考驗相關專業人員在災難來襲時的應變。

Drabek（1999）陳述災難的特質包含：

❶ 突發性；

❷ 不熟悉；

❸ 難以預測；

❹ 地區性影響；

❺ 造成重度傷害。

因此災難發生時，建築與地質可能受到嚴重損害，造成人員與物質的損失，而交通的中斷與通訊受阻會延遲、妨礙救災行動的動員與輸入災區；同時災區民眾的傷勢、心理危急與不安全感會影響救災計畫的進行；媒體的詮釋與傳播則是救災資源、人力募集的助力，但也必須謹慎防範媒體失真的報導帶來擴散的心理災難。

林萬億（2011）將災難管理（Disaster Management）的工作分為四個階段：

❶ 災難前準備期

預防災難與整備各種因應災難的措施，諸如應變小組、訂定作業程序、動員計畫與籌備管利物資、器具。

❷ 災難應變期

災難發生造成傷害的高峰期，緊急救災行動啟動進入災難救援階段。工作目標包含緊急安置、家庭與社區重建計畫、發放經濟補助與慰問金、籌備與分配物資、動員並進駐專業／志願服務人力，以及受災人民的悲傷輔導，和救災人員的壓力管理、二級創傷處理。

❸ 災難復原期

緊急救災行動告一段落後，災區進入復原階段，提供過渡服務（transitional services）。兒童的復學、災民的就業／再就業輔導與社區短期或永久住宅規劃等，是此時期的重要任務。

❹ 災難重建期

重建階段的目標是處理受災人民長期的社會心理需求，提供穩定服務（stabilization services）。創傷後壓力症候群（posttraumatic stress disorder, PTSD）是這個時期災民或救災人員可能出現的身心症狀，社區重建中長期計畫裡必須包含照顧服務、住宅重建、經濟與教育的復甦。

災難中的救援不僅僅是硬體重建與物資提供，心理社會的需求也是災後復原的關鍵因素，因此社會工作者在其中的角色責無旁貸；其次，災難重建是一項需耗費數年的計畫，失依的兒童、老人，陷入經濟、心理危機的災民支持等，使災難管理無疑是一個福利議題。

特質與任務

災難	社會工作者的任務

災難

指自然或人為因素導致的災禍，它造成大量人員受傷死亡、財產損失無法以單一組織動員處理，組織間必須合作。

❶突發性
❷不熟悉
❸難預測
❹地區性
❺重度傷害

社會工作者的任務

❶界定災難並了解其性質。
❷災難前、救援中與復原時期，評估多元需求。
❸協調計畫與訓練增強社區因應能力。
❹運用知識與技巧降低災民痛苦。
❺協調服務輸送。
❻運用知識與技巧促成政策與實務。
❼開發資源，促進跨國災難管理。

管理階段

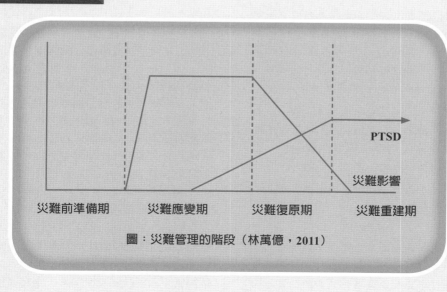

圖：災難管理的階段（林萬億，2011）

UNIT 9-11
司法、矯治與藥物濫用

（一）矯治社會工作

不同於青少年犯罪行為輔導，成人的司法體系向來偏重懲罰犯罪行為。非法行為（delinquency）與犯罪在當代發生的頻率、類型與嚴重程度與日俱增，帶給被害人與其家屬的直接傷害、社會所受的間接傷害非短期可平復，因此司法體系對犯罪的觀點逐漸從懲罰（retribution）轉為矯治（correction）與社會復歸（reintegration）。

社會工作者大約在19世紀末就開始注意司法體系裡社會工作的矯治服務，1855年「全國慈善與矯治研討會（National Conference of Charities and Correction）」討論社會工作運用於監獄教化工作，以及警政社會工作者的工作範疇。美國社會工作教育協會（CSWE）也在其課程研究中闡明：

> 刑罰體系的改進，不僅應從行政架構與人事層面著手，更應注重治療的理念，……20世紀人類行為與行為修正的知識不斷增進，我們應對犯罪者的更生（rehabilitation）投入更多關注。

Farley等人（2008）提出社會工作者在矯治服務中會經歷四個過程。執法、起訴與辯護、審判、矯治。

另外，依據《社會工作辭典》對「矯治」的定義：

> 矯治是法律的特殊產物，透過監禁、假釋、緩刑、教育方案與社會服務等方式，改變與改進違法犯罪者的行為。

社會工作者在司法矯治過程的角色任務應包含：❶執法者、❷專家證人、❸督導者、❹催化者。

（二）藥物濫用

依據DSM-IV-TR的指標，一個人在過去12個月內符合下列條件其中三項，即是藥物依賴：❶容許自己持續使用藥物；❷藥物減少或中斷時，出現戒斷症狀；❸長期大量使用藥物，超出原使用目的；❹經常有強烈的使用欲望而無法控制；❺每天圍繞在購買、使用與從藥物中復原的活動；❻消費藥物的活動取代原有的社交、工作與休閒；❼明知造成身心傷害，仍持續使用。

藥物濫用往往始於藥物依賴，在DSM-IV-TR中藥物濫用則是「因一再重複使用藥物而導致在職場、學校或家庭中無法善盡角色，例如曠職、曠課，兒童疏忽、不當駕駛、脫序行為與其他人際問題。」

經常被濫用的藥物最廣為所知的就是酒精，其他還有麻醉劑、興奮劑、鎮定劑、迷幻藥與類固醇。早期的處置僅限於司法的懲戒，隨著社會條件的改變，都市化帶來的壓力與藥物流通管道的發展，藥物成癮、濫用顯然不是禁止與懲罰便可解決的問題，藥物濫用處置成為社會工作關注的焦點之一，可能是一個服務機構的方案之一，也可能是由一個專設的單位從預防、治療、診戒、住宿到支持團體全程包辦。

在藥物濫用服務方案裡，社會工作者應注重的環境保護因子包含個人、家庭、職場／學校，與社區四個層面，連結健康照顧與社區支持體系，作為服務對象與司法矯治機構間的媒介。

矯治社會工作

執法
（law enforcement）

審判
（judicial process）

起訴與辯護
（prosecution and defense）

矯治
（correction）

社會工作者角色

❶執法者：
　如家庭暴力與兒童保護社會工作者。
❷專家證人：
　在法庭上提供審判所需的資訊與專業知識。
❸督導者：
　如觀護人，對於緩刑或假釋的犯罪者提供支持。
❹催化者：
　除了在司法體系、矯治機構中與犯罪者的工作任務，尚且負擔連結社
　區資源、提供家屬諮詢與支持的任務。

藥物濫用

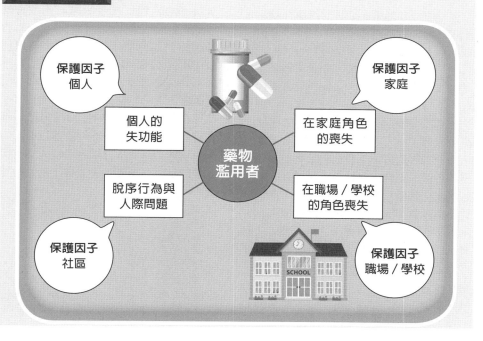

保護因子
個人

保護因子
家庭

個人的
失功能

在家庭角色
的喪失

藥物
濫用者

脫序行為與
人際問題

在職場／學校
的角色喪失

保護因子
社區

保護因子
職場／學校

UNIT **9-12**
職業社會工作／員工協助方案（EAPs）

員工協助方案（Employee Assistance Programs, EAPs）最早起源於美國1970年代的企業，是由公司內部管理人員及外部專業人員的合作方案，服務對象是公司的整體員工，EAPs的工作目標是發現、追蹤並協助員工解決影響工作表現的個人問題，包含健康、生活與工作三個層面。

EAPs方案的特色在於其服務的設計是採用系統的觀點，在企業內部形成一個協助網絡——服務輸送系統（Service Delivery Model），或稱服務系統，這個網絡需包含「發掘問題」、「評估問題」與「解決問題」的三項功能，在企業裡透過服務輸送系統協助遭遇困難需要協助的員工，由專業服務人員評估並整合資源，由企業內部或結合外部提供資源，協助員工解決困境並恢復工作能力。

因為當今的社會，成人生活事件發生的場域若非家庭就是職場，工作占多數成年人每日一半以上的時間，EAPs對員工的重要性日益增加。社會工作者在「員工協助方案」的介入角色可遠溯自社會工作者與勞工階級共同工作的起源——睦鄰運動；至20世紀產業結構轉型，社會工作者在商業主導的就業結構中對於勞工政策、工會活動都有頻繁深度的參與。而後兩次世界大戰期間，工會也都有聘僱社會工作者的經驗，而使「工業社會工作」成形，至今依據服務業為主的經濟型態，應稱之為「職業社會工作」。

臺灣第一家EAPs專業機構應是89年勞工委員會輔導新竹市生命線協會成立的外置式（External）員工協助方案服務中心（Employee Assistance Programs center, EAPC），除了外置式服務模式，EAPs尚可用內置式（Internal）或整合式（Combination）模式提供，也就是服務輸送單位是設置於職場外部、內部或是兩者並行的運作方式。

而社會工作者在EAPs裡被賦予的任務包含：

❶ 回應員工經濟性、教育性、心理性、社會性的需求；

❷ 必要時提供員工家屬協助服務；

❸ 提供職場領導者、管理者諮詢；

❹ 協助職場規劃教育訓練計畫、危機管理計畫與人力資源管理和招募計畫。

社會工作者在職場當中透過EAPs的介入與運作，減緩個人因職場不友善或適應不良帶來的身心壓力，並將個別員工的經驗反饋至組織結構改善的建議，促進包容與人性化的職場，以提升組織整體效能。然而以目前臺灣的EAPs而言，社會工作者在其中的角色仍不如其他領域，一方面臺灣的職場文化團體主義仍相當濃厚，團隊與企業利益遠重於個人議題，儘管EAPs已逐漸在許多企業裡實施，有時卻難以與人力資源管理切割，落為績效考核、獎賞與升遷的另一套機制，失去員工福祉的意義。

服務輸送系統

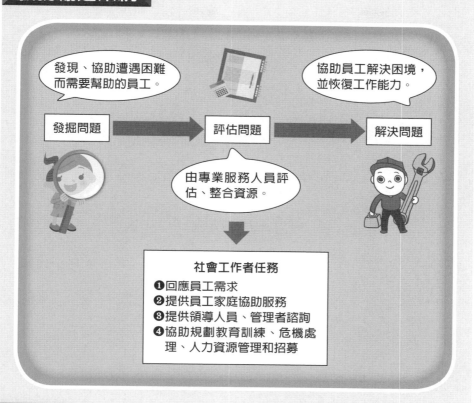

發現、協助遭遇困難而需要幫助的員工。

協助員工解決困境，並恢復工作能力。

發掘問題 ➡ 評估問題 ➡ 解決問題

由專業服務人員評估、整合資源。

社會工作者任務
❶回應員工需求
❷提供員工家庭協助服務
❸提供領導人員、管理者諮詢
❹協助規劃教育訓練、危機處理、人力資源管理和招募

職場

現代成年人生活的主軸——職場。當今社會，工作占多數成年人每日一半以上的時間，許多生活事件皆與職場息息相關。

第10章
社會工作督導

●●●●●●●●●●●●●●●●●●●●●●● 章節體系架構 ▼

UNIT 10-1
督導的發展

圖解社會工作

（一）督導發展過程

　　20世紀美國的慈善組織會社（COS）因開始正式雇用勞工階級擔任訪視員，有給職的職位需要管理的角色確保機構所提供的服務品質，於是由資深員工或是管理的階層負責方案規劃、工作分配、志工管理與服務成果評估等工作，行政督導可謂是社會工作最早出現的督導功能。

　　此外，為降低新進訪視員因不熟悉助人工作而造成離職的流動率，在當時的慈善組織會社裡，資深員工也提供新進員工教育訓練的協助，並且在新進訪視員工作訓練中給予支持，教育功能與支持功能伴隨著行政督導出現在社會工作的督導中。1911年社會工作實習督導的課程首次出現，由當時芮奇孟擔任董事長的羅素・協巨基金會慈善組織部（Charity Organization Department of Russell Sage Foundation）所贊助開設，至1920年代社會工作督導的訓練課程由服務機構轉移到大學院校，成為正規社會工作教育的一部分，督導的功能也從行政逐漸轉型為教育傾向。這樣的督導內涵實是採藉英國劍橋（Cambridge）與牛津（Qxford）大學「個別指導」的訓練方式，而後一對一的個別督導成為社會工作督導發揮教育功能最常使用的方式。

（二）學生實習督導與社會工作督導的不同

　　回到學校體系發展的社會工作督導，開始關注學生實習督導與社會工作者督導的差異，20世紀初期將兩者視為雷同，都是社會工作教育過程的一部分；1960年代中期，開始有學者與研究者釐清學生實習督導和社會工作者督導在督導內涵、使用技巧、理論與目的上的差異。Bogo與Vayda主張兩者間有7點不同之處：

❶ 學生實習督導目的在於教育；社會工作者督導則是服務品質維護。

❷ 學生實習督導主要活動是教學；在服務機構中的社會工作者督導則是強調服務輸送的效果與效能。

❸ 學生實習督導是未來取向；社會工作者督導則是當下取向。

❹ 學生實習督導著重實務概況分析；社會工作者督導則是以服務計畫的提升、維持為著眼點。

❺ 學生實習督導尚須批判性分析與創新觀點；社會工作者督導則是追求工作表現、團隊合作。

❻ 學生實習督導通常探討的議題較抽象；社會工作者督導則針對特定、具體議題討論。

❼ 學生實習督導採用同儕共識決議；服務機構中的社會工作者督導則必須以權責中心的制度為決策依據。

　　事實上，社會工作督導在1980管理主義（managerialism）的年代裡，受管理、效能、責信等觀點的影響，逐漸走回重行政功能的取向。20世紀中期還被定義為教育過程的社會工作督導，在1980年代已轉為強調督導的管理功能，以發揮提升組織服務品質與生產力的效用。

發展

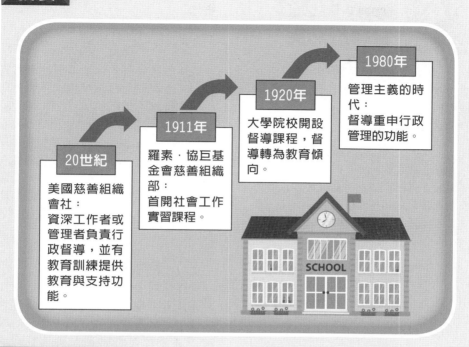

20世紀

美國慈善組織會社：
資深工作者或管理者負責行政督導，並有教育訓練提供教育與支持功能。

1911年

羅素‧協巨基金會慈善組織部：
首開社會工作實習課程。

1920年

大學院校開設督導課程，督導轉為教育傾向。

1980年

管理主義的時代：
督導重申行政管理的功能。

督導關係

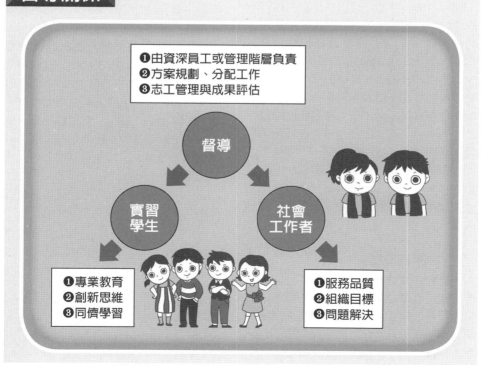

❶由資深員工或管理階層負責
❷方案規劃、分配工作
❸志工管理與成果評估

督導

實習學生

社會工作者

❶專業教育
❷創新思維
❸同儕學習

❶服務品質
❷組織目標
❸問題解決

UNIT 10-2
督導的功能

社會工作督導的內涵隨著社會工作專業的發展有其歷程，而督導應具備的功能為何？《社會工作辭典》中將督導（supervision）定義為：

在社會服務機構中廣泛運用的行政管理與教育過程，藉以協助社會工作者發展並強化工作技巧，提升員工士氣，並對服務對象提供品質保證。

Kadushin（1992）所主張督導三功能——行政、教育、支持，則最廣為被引用來說明社會工作督導所具備的功能。

（一）行政功能

督導者應是一個社會服務組織中最資深的第一線工作人員，同時也是最初階的管理階層。督導需要負擔的責任來自三方面，一是專業本身的價值與倫理；其二則是組織、機構內部的目標與期待；最後則是對服務對象、服務品質的責任與承諾。其中第二項責任為行政功能的主要任務，因此督導者在行政功能上必須肩負二項任務：第一，考核工作績效的任務；第二，建立服務品質指標、工作表現指標與組織任務達成指標，藉此指導、管理社會工作者的工作成果。

（二）教育功能

相對於行政功能，基層社會工作者可能更期待督導發揮教育的功能，也就是協助社會工作者確立專業價值與專業倫理，以及在服務品質上對服務對象的責信，具備社會工作專業知識、經驗的社會工作者，負有教育、引導後進的責任，這也是專業責信的一部分。督導在教育功能上對於被督導者而言即是教師的角色，社會工作者在一個組織中面臨程序的問題可以尋求同儕或是相關行政人員的協助，但當面臨決策、服務倫理的考量時，則必須依靠教育督導的建議與提醒。督導的教育功能可以提供社會工作者建立專業自主判斷能力的空間，並激勵其在專業上的發展。

（三）支持功能

督導過程中，督導者可以提供給社會工作者情緒支持或是實質的工具性支持，作為行政與教育功能之間的緩衝，讓被督導者擁有更具包容的環境，在自我領域的個人與專業之間取一平衡，發展適性的專業能力。這也是督導者與被督導者建立關係的依據。

社會工作的督導涉及被督導者、督導、組織及案主四方，組織的結構和政策必然影響督導工作的功能、風格展現；然而在這督導四方關係中，尚有更大的影響因子：文化。文化雖抽象，但左右案主對服務、機構的期待，進而形成機構對督導的定位、督導對社會工作者的要求。

督導功能

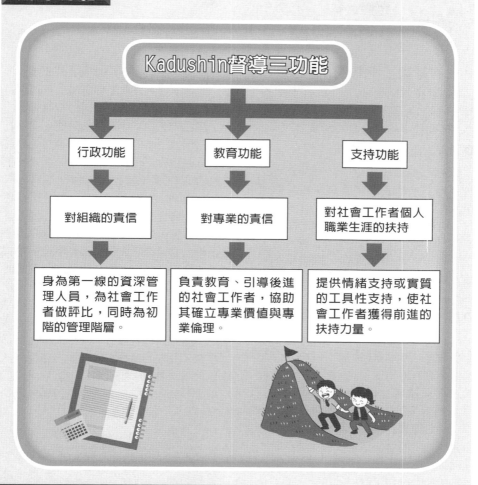

Kadushin督導三功能

行政功能	教育功能	支持功能
對組織的責信	對專業的責信	對社會工作者個人職業生涯的扶持
身為第一線的資深管理人員，為社會工作者做評比，同時為初階的管理階層。	負責教育、引導後進的社會工作者，協助其確立專業價值與專業倫理。	提供情緒支持或實質的工具性支持，使社會工作者獲得前進的扶持力量。

社會工作督導影響因素

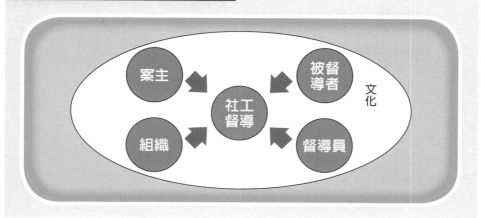

案主　被督導者　社工督導　文化　組織　督導員

第 10 章 社會工作督導

163

UNIT 10-3
督導的目標

（一）社會工作需要督導的原因

討論社會工作督導的目標時，需先檢視社會工作的基礎價值與工作型態，社會工作基於下列理由需要督導：

❶ 社會工作是團隊的工作

無論是在專業組織內部，或是跨專業的合作上，社會工作都重視團隊的運作，因此督導不但提供溝通與了解的平台，使社會工作者在公務上有更順暢的操作，同時當私領域的事務影響社會工作者的工作，需要團隊支持與相互照應，督導即是一個尋求協助的適當管道。

❷ 關係為媒介的專業

社會工作者以其本身為媒介，透過與服務對象、社會脈絡的關係，變遷環境條件與改善服務對象的問題。因此關係的運用和敏感度是社會工作者重要的專業知能，社會工作者透過督導的過程、與督導者的關係，可模擬、學習並討論工作上的關係議題，運用督導時間作為工作情緒的出口，讓社會工作者有足夠的能量維持工作中的情緒、情感負荷。

❸ 社會工作是充權的專業

社會工作者在許多方面都立足於體制的界線，既要符合體制內的條件以爭取資源和福利，也要體會體制外的限制對現況做出批判，尋求改變的契機。因此社會工作者需要許多「跳出框架」的機會，檢視、回顧工作的現場，和反思社會工作者自身在工作中的反應行為模式。督導給社會工作者充權的機會，也間接促成社會工作者有能量充權服務的對象。

（二）社會工作督導的目標

綜合上述，社會工作督導具有短期目標與長程目標。短期而言，行政督導的目標在於維持工作效率與效能，提供社會工作者清晰的工作架構與脈絡，作為組織與社會工作者之間溝通的媒介，讓社會工作者無論是個人執行任務，或配合團隊完成工作指令，都能順暢運作；教育督導則是提供社會工作者適當的指導與協助，促成專業的發展以提升組織人力資源，使社會工作者從中學習模仿與工作團隊、服務對象建立關係的技巧和經驗；支持性督導則是在過程性的目標上，維持組織工作氣氛，和社會工作者與組織、督導間的工作關係，透過督導者與被督導者的關係充權社會工作者。長程的目標上，社會工作督導則是以服務對象、組織與社會工作專業為承諾對象，達成提升服務品質與效能的目標。

1950年代，Austin就對社會工作者的督導提出3個值得自省的問題：

❶ 專業分工細緻化之下，督導是否能再將行政和教育功能放一起？

❷ 將督導的行政和教育功能分派給不同人，是否更有效？

❸ 專業社會工作者能否為自身工作負擔更多責任，主動尋求諮詢，而非只被動接受督導？

督導理由

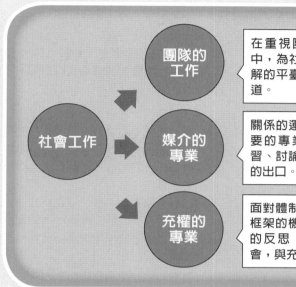

社會工作

團隊的
工作

在重視團隊運作的社會工作中，為社工提供一個溝通與了解的平臺，以及尋求協助的管道。

媒介的
專業

關係的運用與敏感度是社工重要的專業知能，督導可供學習、討論，亦可作為工作情緒的出口。

充權的
專業

面對體制界線，社工需要突破框架的機會，以及對自身工作的反思，督導給予其充權機會，與充權服務對象的能量。

目標

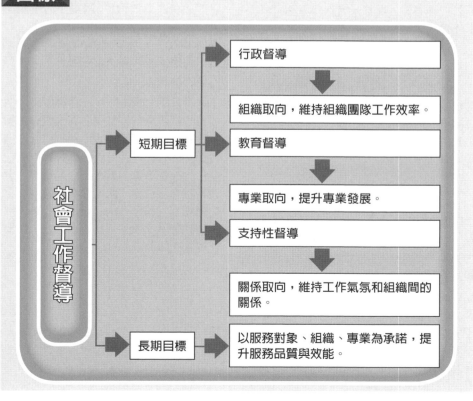

社會工作督導

短期目標

行政督導

組織取向，維持組織團隊工作效率。

教育督導

專業取向，提升專業發展。

支持性督導

關係取向，維持工作氣氛和組織間的關係。

長期目標

以服務對象、組織、專業為承諾，提升服務品質與效能。

UNIT 10-4
督導中的權力關係

圖解社會工作

（一）權力與職權的意義

督導目標的達成有賴於妥善建立的督導關係，在討論督導者與被督導者之間的關係時，必須先釐清權力（power）與職權（authority）的差異。無論在實質上或隱含的意義上，督導必然相對於被督導者，擁有更多權力，而這樣的權力在組織中通常以職權的方式呈現。2002年Kadushin與Harkness將權力與職權區分做以下的說明：

權力是控制他人的能力；職權則是控制他人的正當權，是一種將權力行使合法化的權利（right），使其權力的行使被認可。是發布指令、行使管控及要求服從的正當權，是決定他人行為及制訂引導他人行動之決策權力。

換言之，職權是將權力合法化、制度化與正當化。因此擁有權力的督導需要職權來加成權力的運用；反之，一個不具備權力的督導者，即便擁有職權，也很難在督導關係中行使有效的權力關係。

（二）督導的權力模式

而Munsun針對督導者與被督導者權力與職權行使的研究，將督導的權力歸納為兩個模式：

❶ 能力模式

在此模式中，督導者的權力來自於督導者所具備的專業知識與技能，督導者不僅能夠教導被督導者，也能夠在被督導者實務工作遭遇困難時提供建議，幫助其解決問題。能力模式下的督導者通常能夠與被督導者建立較佳的互動關係，督導的權力基礎也較為穩固，影響層面更廣、更深。

❷ 認可模式

認可模式中的督導者權力來自於組織賦予的職責，例如督導者有獎勵、懲罰社會工作者的權力。因此督導者在督導關係中負擔許多行政角色與功能，但若是沒有專業能力與信任關係為基礎，認可模式的督導僅能在制度層面規範社會工作者，影響的深度未必能及實務操作的層面。

在督導過程中，有關服務輸送、服務策略的決定，可能採取「共識決定」或「職權決定」，取決於問題的性質，但督導必須體認決策中2個重要的原則：第一，有些事必須使用職權決定，如機構的政策、專業倫理規範等等；第二，即使透過共識決定，督導仍是負有責信的那個人。

除了直接的權力關係，督導中另一個權力的議題來自於督導者與被督導者相對的人口特質與價值觀，例如男性督導者與女性被督導者、來自少數族群或次文化的被督導者、督導者與被督導者意識型態的落差等。督導者必須具備文化的敏感度（cultural sensitivity），以意識到在督導中除了實務議題之外，影響督導關係的因素。

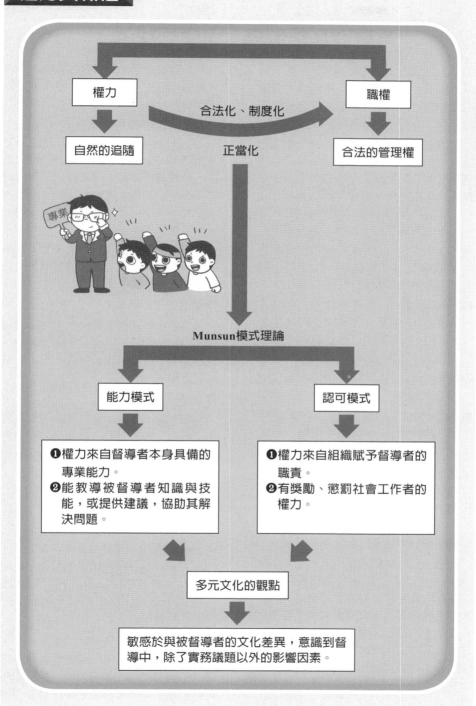

UNIT **10-5**
督導的實務模型、階段與類型

針對社會工作複雜的情境與實務場域，Brown與Bourne1996年發展出督導的實務模型，說明督導的系統與發展階段。

這個實務系統模型闡述的是社會工作組織中動態的督導階段，首先是督導的過程所涉及的相關人士，包含服務對象在內的實務系統、社會工作者本身、社會工作者所屬的組織，和組織內部團隊分工。這四個系統間的連結則分為：

❶ 專業連結──社會工作者提供服務給服務對象（實務），是立基於專業知能實施的層面。

❷ 合作連結──社會工作者在組織中擔任特定團隊成員，或是同時屬於不同的工作團隊，藉此運作服務輸送機制。

❸ 管理連結──組織與組織內各個團隊依靠管理的制度結合。

❹ 組織連結──組織會訂定各種明文、慣例的規範與服務準則，作為提供服務給服務對象的依據。

依此模型，社會工作督導在前導期（induction phase）協助社會工作者認識實務領域、團隊分工、組織規範等系統，而系統間尚無明顯連結，此時被督導者的任務即是了解認識各個系統。

接著進入連結期（connection phase），督導者以自身作為各個系統間連結的媒介，傳授實務經驗與技巧給被督導者，幫助被督導者釐清工作與個人生活間的矛盾、衝突；並且將組織正式、非正式的規範傳授給被督導者，協助社會工作者加速適應組織文化與工作氣氛，此時的督導可以用一對一或是團體的方式進行；同時，督導者既是實務操作者亦是管理階層的一員，可作為多

個工作團隊之間的橋梁，讓社會工作者彼此發揮分工合作的功能，最後達成組織整體的目標。

最後，當督導進入整合期（integration phase），被督導者已經能妥當運用四個系統間的連結操作服務的輸送，督導的任務即是促成社會工作者建立專業的自主性與批判的觀點，將服務工作與外部環境脈絡結合，進一步發展或改善服務內涵。

督導所涵蓋的任務與功能多元，督導的類型也是如此，督導的風格大致可分為四個主要的類型：

❶ 師徒式（tutorial）

督導者主要擔任教育的角色，提供被督導者知識與技巧。此類型的督導關係最為緊密，督導者以「提攜」的方式引導被督導者。

❷ 訓練式（training）

督導者除了教育，在被督導者實務操作上也有指導的責任。雖屬高密度的督導型態，但因融入實務操作上的指導權責，因此必然保有一定的權力距離。

❸ 管理式（managerial）

督導者也是被督導者的管理者，彼此間具有權力階層的關係。此類型下的督導密度若過高，對被督導者會形成過度的壓力，較適合保持被督導者自主發展的空間，實務指導之外亦搭配間接資料提供的方式（例如紀錄、實務筆記等）進行督導。

❹ 諮詢式（supervision）

督導者與被督導者不具有權力與管理關係，僅有純粹的諮詢角色。督導關係可能相當平淡，督導者對被督導者個實務工作涉入很少。

實務模型

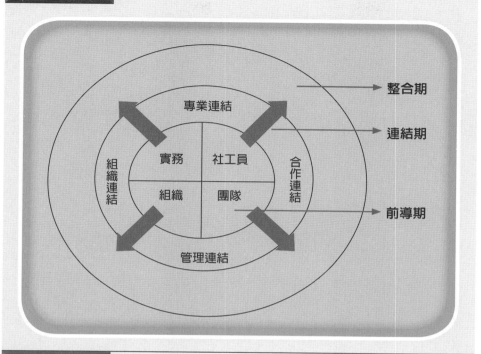

督導類型

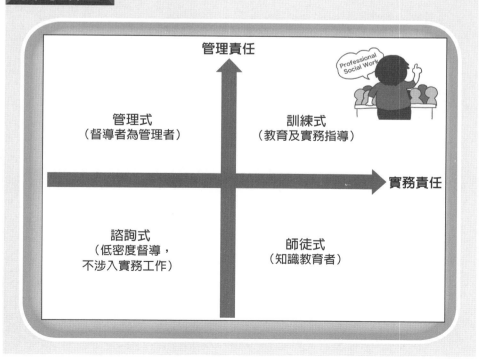

第11章 社會工作研究方法

●●●●●●●●●●●●●●●●●●●●●● 章節體系架構 ▼

UNIT 11-1
證據為基礎的社會工作研究

圖解社會工作

對社會工作者而言，證據為基礎的社會工作實務（evidence-based practice, EBP）之所以重要，是因為社會工作是助人的專業，專業價值包含同理服務對象的處境與感受，方能提供適當的協助。然而，如何真實了解服務對象的處境與感受？在現實的社會工作情境中，匆忙而繁雜的工作條件往往很難讓社會工作者從容、漸進地藉由長時間相處與會談，深入了解服務對象。很多實務社會工作者在工作中的某個時刻，或職業生涯的某個階段，會不禁自問至今為止的助人工作是否的確達到預定的效果？因此社會工作者需要有力且可靠的依據與訓練，從通則中掌握概況，也從細節中了解差異。這便是社會工作研究提供給實務工作者的證據基礎。

1970年代起就有一些社會工作學者用研究結果質疑社會工作介入方案的成效，然Rubin與Babbie（2006）認為證據必須建立在嚴謹的研究設計上，許多未能證實社會工作介入方案有效的研究，可能缺乏對社會工作介入方案具體與詳細的描述，效果的判定也未必建立在針對介入問題、介入步驟與設定目標的縝密評鑑，不嚴謹的研究方法無法導出有參考價值的研究結果；反之，在實務領域中，有些已被公認、慣用的介入方案，可能也尚未獲得研究證實、支持這樣的介入方式之成效，或是沒有依據能具體說明哪一種治療因子在其中發揮效用，社會工作者可能就很難精益求精。在社會工作介入方案中，諸如用於飲食失調的認知治療、用於憂鬱症的人際關係治療與行為治療、用於衰弱或失智長輩的懷舊治療等等，皆是已獲得研究證據支持的有效介入方案。而身為實務社會工作者的任務，除了參考研究證據提供實務服務，尚有將實務經驗整理、反饋至證據為基礎的研究責任，不論是在組織中因設計方案所需自行進行的小規模研究，或是提供實務資訊給研究者，都是為建立證據為基礎的社會工作研究貢獻實務連結。

談到在社會科學中的研究，就必須先了解其主要的典範（paradigm），所謂典範即是我們據以建立、組織對事物說明的觀點，典範如同一個指引，引導我們對事件與人的闡述，因此典範本身不必然包含結果的「真相」，卻導向某些特定的結果。社會科學中一直爭辯不休的三典範就是實證主義（positivism）、詮釋主義（interpretivism）與批判社會科學（critical social science）。

❶ 實證主義

以Comte為始祖的實證主義，用科學的態度與方法來研究社會實況，他相信知識應建立於客觀、可驗證的證據之上。

❷ 詮釋主義

詮釋主義顧名思義重視的是人對事件的解釋與理解，因此參考個人的經驗、感受和個人與事件的互動，「真實」無法全然建立於客觀的測量。

❸ 批判社會科學

批判社會科學與衝突理論的主張和觀點相近，重要的是研究者所持的意識型態，必須透過充權與倡導的途徑詮釋事件或現象的脈絡。

研究典範

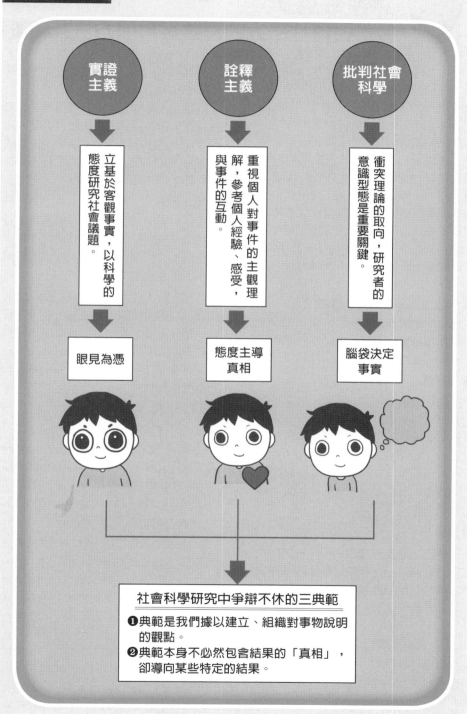

實證
主義

詮釋
主義

批判社會
科學

立基於客觀事實，以科學的態度研究社會議題。

重視個人對事件的主觀理解，參考個人經驗、感受，與事件的互動。

衝突理論的取向，研究者的意識型態是重要關鍵。

眼見為憑

態度主導
真相

腦袋決定
事實

社會科學研究中爭辯不休的三典範

❶典範是我們據以建立、組織對事物說明
的觀點。
❷典範本身不必然包含結果的「真相」，
卻導向某些特定的結果。

第 11 章　社會工作研究方法

UNIT **11-2**
量化與質性研究的理論與科學方法邏輯體系

理論（theory）是對現象有系統的解釋，在物理科學中以律／定律（law）所組成，在社會科學中則以命題（proposition）構成。命題是兩個以上事件之間關係的屬性（attribute）與變項（variable）的陳述，連結其中的變項即是「概念」。Leming的科學理論要素──「橋梁模式」，可以說明這之間的關聯。橋梁的墩基即是理論依據的證據脈絡，這個脈絡是可驗證、可重複試驗的；而梁則是各個釘點的連結，亦如命題將所有概念串連而構成理論。

（一）理論使用的邏輯

理論的使用涉及兩種科學邏輯，即是演繹法（deductive method）與歸納法（inductive method）。

❶ 演繹法

演繹法是推演理論的過程，設定特定的條件，以機率的方式檢驗之，以通則（nomothetic）的邏輯解釋事件因果，三段論（syllogism）即是演繹法的經典代表：「（大前提）所有人都會死；（小前提）蘇格拉底是人；（結論）蘇格拉底會死」。

❷ 歸納法

歸納法是聚合理論的過程，用個殊式（idiographic）的因果邏輯驗證事實。若演繹法是驗證理論的過程，歸納法則是建立理論的過程。

（二）簡易區分為2大類

從前述可以得知，在科學的研究中，研究者有不同的途徑可以了解社會現象的真實，若簡易地區分之則是量化研究方法（quantitative research methods）與質性研究方法（qualitative research methods）。

科學的知識具有抽象、共通與可驗證的特性，因此科學的目的簡言之是在驗證事件、現象之間的因果關係，因果關係需具備順序性、相關並可證實，與排除其他影響因素的三項條件。

❶ 量化研究

量化研究採用演繹法的科學邏輯，做大範圍的統計分析。在科學研究中量化研究的三大方法是調查研究法、實驗研究法與實地觀察法。

量化的研究強調研究結果的精準性，因此抽樣的步驟與抽樣設計，在量化研究中格外重要，簡易地將抽樣方法分類可以分為隨機抽樣（random sampling／或稱機率抽樣probability sampling）與非隨機抽樣。

❷ 質性研究

質性研究以歸納法科學邏輯為基礎，做小範圍的深入分析。質性研究的三大方法則是田野觀察法（field observation／或稱參與觀察法）、深入訪談法（又稱非結構訪談法unstructured interviewing）與檔案資料研究法。

質性研究中的抽樣均屬於非隨機的立意抽樣，包含極端個案抽樣（extreme case sampling）、深度抽樣（intensity sampling）、最大變異抽樣（maximum sampling）、同質性抽樣（homogeneous sampling）、典型個案抽樣（typical case sampling）、分層立意抽樣（stratified-purposefully sampling）、關鍵個案抽樣（critical case sampling）、滾雪球抽樣、效標抽樣（criterion sampling）等。

橋梁模式

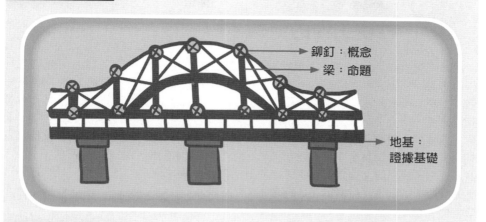

科學研究

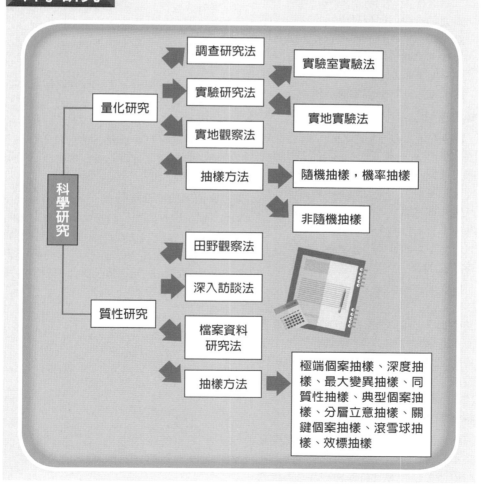

UNIT 11-3
社會工作的研究步驟

討論研究步驟之前，必須先說明社會學者所說的「研究者立足點」。「研究者立足點」所指的就是無論採用質性或量化研究，研究者與研究主題之間的關聯，將影響整體研究的進行。研究者早期與當下的經驗若高度涉入研究中，則容易左右研究所關注的焦點，與研究者對研究結果的闡述。但這可能是研究者之外的人難以觀察或得知的訊息。因此科學研究應備步驟的用意即是規範研究者、給研究者一個基本依循的原則，協助研究者檢視自己有無依照應有的程序設計研究；至於研究者對研究主題的投入，必須依靠研究者的自我把關與對研究誠信的承諾。

研究基本上可分為六個步驟：

❶ 問題形成

問題的形成是透過研究者自己的經驗、觀察，與理論概念對話後逐漸成形。這個階段研究者需要閱讀許多的文件與相關研究，一方面釐清研究問題與其中的抽象概念，另一方面也確認研究問題是否已經有人深入探討過，是否仍有研究價值與必要。

❷ 研究設計

研究問題形成後，研究者就必須決定研究方法，視研究主題的性質與研究者希望得到的研究發現，決定使用質性或量化研究方法。接著便是決定採用特定研究方法，並對研究主題的相關變項、定義、抽樣方法、資料蒐集管道、分析技術等方面詳細考量。

❸ 資料蒐集

進入研究執行階段，第一步便是要蒐集研究資料，研究者的正式與非正式資源網絡可以影響資料蒐集的方式，研究主題要分析的單位（個人、團體或社群）決定了資料蒐集的方式。這個時期也必須謹慎處理資料來源與資料管理。資料的來源影響研究的信效度；而研究資料的妥善處理則是為了確保研究的倫理和對研究對象的保密。

❹ 資料處理

對量化研究而言，就是登錄資料的工作，將蒐集到的資料規格化以便分析；而質性研究就必須將以觀察或訪談等方式蒐集到的資料設計編碼架構，將資料加以編碼、概念分類，以作資料分析與詮釋的準備。

❺ 資料分析

研究者依照研究設計時或資料處理時所定下的分析觀點和架構，將已處理的資料深入研讀。這裡所提到的分析架構，應是建立於研究問題或從文獻中推演出的假設，分析的過程也應該緊扣研究問題與目的。

❻ 研究發現的解釋

最後則是針對分析後的資料作完整的解釋，導出研究結果與研究推演出的觀點，目的是做出具體可行的研究建議，回饋至研究對象及研究主題所涉及的實務範疇。

研究步驟

問題形成
❶研究者經驗與理論對話
❷確認研究價值

研究設計
❶決定研究方法
❷決定採用特定研究方法，並考量變項、定義、抽樣、資料來源、分析技術等

資料蒐集
❶正式與非正式資料網絡來源
❷確認信效度、資料保密與研究倫理
❸研究要分析的單位決定蒐集方式

資料處理
❶登錄資料，並將資料規格化、架構化
❷作資料分析與詮釋的準備

資料分析
❶資料套入從研究問題或文獻中推演出的分析架構
❷深入研讀已處理的資料
❸分析過程應緊扣研究問題與目的

解釋研究發現
❶回應研究主題
❷提出研究建議

研究是一條不斷回顧的過程

UNIT **11-4**
量化研究——調查研究與實驗設計

（一）調查研究

調查研究是社會科學研究中最常被使用於大範圍蒐集樣本與資料的研究方法，因此它的歷史非常久遠。從調查研究長遠的經驗裡，當代的研究者應該了解調查研究具備的特性：

❶ 適用於初探性、解釋性的研究問題，調查問卷施測的對象必然是個人，因此調查研究分析的單位也通常是個人。

❷ 調查研究可用面訪、電訪、郵寄問卷或集體填答的方式進行，近來發展出的（網路）線上問卷也是新興的調查研究方式。

各種調查的方式在施測的成本、施測效果、回收率與施測對象的選擇性、代表性等方面，也有各自的優缺點，簡要地說明如下：

(1)面訪與電訪因為需要藉由訪員與調查對象的溝通來蒐集資料，因此訪員訓練對施測結果相當重要。

(2)整體而言郵寄問卷的成本最低，但回收率也最低。

(3)集體填答可以節省時間，並確定受訪對象為本人，卻不容易聚集足夠數量的受測者。

(4)面訪的回收率與施測效果最佳，但訪員素質不穩定、訪員訓練的成本高是其缺點。

(5)線上問卷相當經濟省時，但能藉由線上問卷施測的對象很特定，在代表性上頗受質疑；電訪在這些調查方法裡不論是成本、效果、所費時間等方面，都較為折衷。

而無論哪一種調查方法，問卷的標準化與問卷內容設計、回收率的考量都是影響調查結果的關鍵。

❸ 調查研究的優點在於可以在短時間內蒐集大量樣本的資訊，同時在一份問卷裡可以容納多個問題，將研究變項設計納入各個問題中。

❹ 調查研究的缺點則是問卷的設計以標準化為目標，因此調查研究所蒐集的資料是以常模（normal）內的個人、群體為主要對象，必定捨棄極端的意見與觀點。因而調查研究有時會以開放式問題，或質性的訪談為輔助資料，補充量化研究資料的不足。

（二）實驗研究

實驗研究法則必須具備三項特性：

❶ 具有依變項與自變項，兩者間有因果關係（自變項為依變項的導因）。

❷ 設計實驗組與控制組，且最好能夠隨機抽樣，並且隨機分派至實驗組與控制組，而受測者不知道自己屬於哪一組。

❸ 具備前測與後測，比較實驗介入的效果。

完全符合上述特性的稱為實驗設計（experimental designs），前實驗設計（pre- experimental designs）只檢驗變項間的因果關係，但為設計的便利，未能控制其他變異；準實驗設計（或稱類實驗設計，quasi-experimental design）則是在實驗結構上已經近似科學的實驗設計，但仍有部分未能符合實驗設計的條件。

調查研究

調查方式	所費時間	成本	回收率	受測者
面訪	長	高	高	確認本人
電訪	短	折衷	折衷	折衷
郵寄問卷	短	低	低	難確認
集體填答	短	低	高	難聚集多人
線上填答	短	低	難預測	對象有限

優點：
❶可在短時間蒐集大量樣本資訊。
❷可在同一份問卷容納多個問題。

缺點：
蒐集的資料以常模內的個人、群體為主要對象，捨棄極端的意見與觀點。

實驗研究

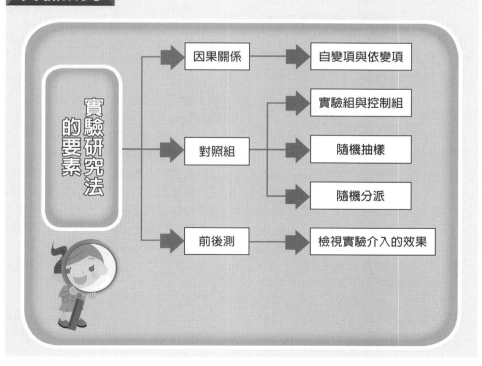

實驗研究法的要素

- 因果關係 → 自變項與依變項
- 對照組 → 實驗組與控制組
- 對照組 → 隨機抽樣
- 對照組 → 隨機分派
- 前後測 → 檢視實驗介入的效果

UNIT 11-5
質性研究

圖解社會工作

　　質性研究方法是假設事件、現象與其周遭的環境脈絡為不可切割的整體，以這樣的觀點對社會現象進行全方位圖像的建構和深度了解。相對於量化研究切割事件與現象為數個變項，質性研究鎖定特定的議題與分析單位，用文字追蹤研究問題的動態發展。

　　質性研究具備的特性包括：

❶ 重視社會脈絡，盡量不切割、不設限研究蒐集資料的範圍。

❷ 小樣本研究，並重視個別性的價值，因此質性研究不必然符合普遍的公眾經驗，卻可提供少數社群經驗與價值的共鳴。

❸ 質性研究的研究目的在於建構理論，研究者必須從「頭」做起，追溯研究主題的源頭，以釐清研究事件、現象發展的路徑和面貌，並建立起可檢驗的理論架構。

❹ 重視研究議題的發展，因此研究事件、現象的發展過程與時序相當重要。

❺ 強調站在被研究者的立場做詮釋。

　　相對於量化研究的信效度，質性研究有其獨特的信度與效度判准。

　　量化研究以內在效度（internal validity）呈現研究的真實性，所指的是研究主題的內部準確性，也就是研究取得的資訊是否能妥當回應研究主題；外在效度（external validity）則用來呈現量化研究的應用性，外在效度所指的是研究結果是否可用來推論至相近條件的情境；信度（reliability）則是呈現量化研究的一致性，即研究是否可一再重複，並都能獲得相同結果；外在信度（external reliability）強調以客觀測量研究資料和結論，可證實研究的中立性。

　　質性研究的真實性建立於研究者以多重觀點詮釋主題的可信度（credibility）；質性研究以研究可轉換（transferability）至其他情境表現其應用性，並強調研究對象經驗的重要與可靠（dependability），以個別經驗即是真實的預設立場作為質性研究一致性的標準；另外，質性研究的多元資料來源則是建立其可確認（conformability）的中立性。

　　質性研究常用的資料蒐集方法包含有深度訪談法、焦點團體法、歷史比較分析法、個案研究法、專家德菲法、行動研究法、參與觀察法（實地觀察法包含參與觀察與非參與觀察）。其中又以參與觀察法、深度訪談法與對各種資料詮釋分析的檔案資料研究法為社會科學三大質性研究方法。

　　質性研究的優點在於研究觀點的開放，提供研究者與被研究者不受拘束的探究空間，從研究過程中發展更有彈性、有內涵的研究觀點；但質性研究的研究者是研究過程裡重要的「工具」，研究者本身的準備與研究能力對研究影響甚大，且質性研究的資料分析需做專注、深入的探究，無法做大樣本的解析，研究者主觀性推敲出的研究結果能否推論也一直備受爭議。

信效度評估依據

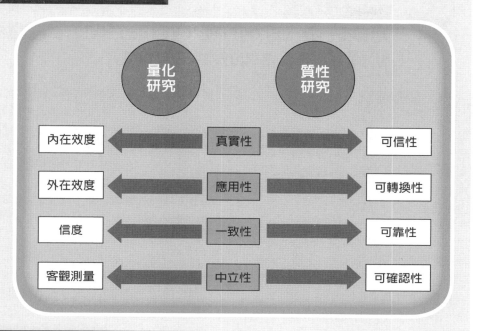

質性研究

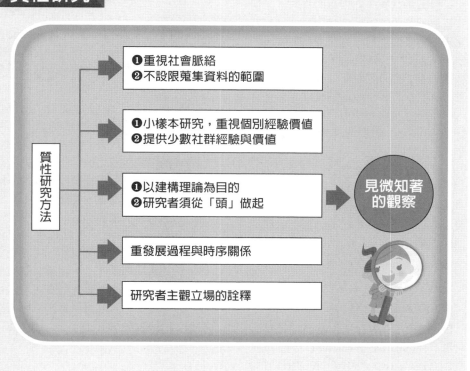

UNIT 11-6
方案評鑑（program evaluation）與個案研究（case study research）

（一）個案研究

個案研究（case study research）是針對單一個人、團體、組織或是社群為研究對象，個案研究法是以經驗為主的研究方法，深入研究當前的社會現象與真實生活。個案研究法所探索的獨特事件中存在很多的「變數」，研究者需要盡可能蒐集多種不同來源的證據，如果各種資料所推論的結果呈現一致性，就可以發展成為理論的雛型，並引導未來研究的資料蒐集與分析。

個案研究法經常使用在現象與社會脈絡（context）不容易區分的情況。

個案研究之所以被視為質性研究方法，是因為重視研究對象的特殊性。但其資料的蒐集不限於質性資料，例如個案研究若是想針對一個組織所發展出的服務方案探究其達成的效果，則舉凡服務方案設計的架構、參考依據的文獻、為記錄方案所設計的文件、方案介入前後所蒐集的使用者資訊（包含文字與數據）等，都是個案研究的資料來源。

（二）方案評鑑

方案評鑑（program evaluation）可以發現相近的研究目標，方案評鑑的研究目的主要有三：

❶ 評估方案的成果。

❷ 評估方案執行過程的問題。

❸ 彙整並發展規劃方案相關的資訊。

因而在方案評鑑中必須包含總結性評鑑（summative evaluation）與形成性評鑑（formative evaluation）兩種評鑑指標。總結性評鑑通常使用量化的資料，比較方案介入前後的效果或是顯著差異，藉此評價方案的成效；形成性評鑑則較注重方案執行過程中發生的改變與影響因素，因此質與量的指標和資料必須兼顧，這樣的評鑑資料可讓方案規劃者、執行者與研究者了解方案實際產生的效應，包括在設計方案時未預期的部分。

方案評鑑是目前相當盛行的研究方式，然而從個案研究到方案評鑑，質性與量化的選擇關係著社會服務與福利發展的價值選擇。方案評鑑研究方法最初的目的在於對照顧管理體系成效的監督，藉此控管有限的公共資源，稱為「責信年代（age of accountability）」的1980年代，評鑑服務方案是否確實達成效用，成為資源、經費是否繼續投入的依據，客觀的數字所呈現的成績理所當然是最有力的說明。

但是1990年，Bogdan與Taylor以其進行長達十多年的去機構化研究為基礎，質疑機構化政策。兩人批評過去量化的評鑑研究只關注機構化照顧方式是否「有效」，並且把社區照顧的複雜解釋為無效能、高成本，卻無考量更長遠的照顧品質和對受照顧者的效益，是去價值化的研究取向，也就是研究者捨棄專業價值，只關注於表面的研究資料。因此Bogdan與Taylor企圖將個案研究注重過程與內涵的研究觀點，取代過往的方案評鑑，藉此獲得更貼近研究對象福祉的研究發現。

交集與分歧

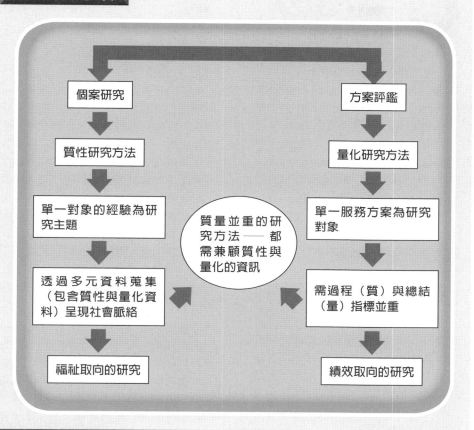

個案研究 → 質性研究方法 → 單一對象的經驗為研究主題 → 透過多元資料蒐集（包含質性與量化資料）呈現社會脈絡 → 福祉取向的研究

方案評鑑 → 量化研究方法 → 單一服務方案為研究對象 → 需過程（質）與總結（量）指標並重 → 績效取向的研究

質量並重的研究方法 —— 都需兼顧質性與量化的資訊

方案評鑑

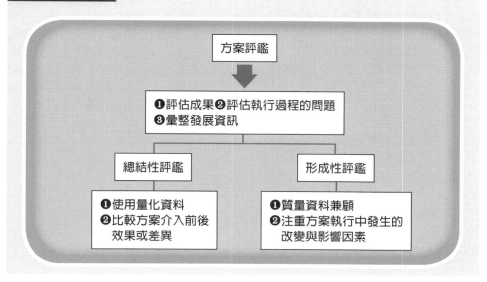

方案評鑑 → ❶評估成果❷評估執行過程的問題❸彙整發展資訊

總結性評鑑
❶使用量化資料
❷比較方案介入前後效果或差異

形成性評鑑
❶質量資料兼顧
❷注重方案執行中發生的改變與影響因素

UNIT *11-7*
研究倫理

對社會工作者而言，研究的目的絕不可能逾越被研究者的福祉，也就是在倫理（ethics）與道德（morality）的考量下，社會工作研究者對於孰為優先有一套基本的共識，其中最重要的倫理門檻是「告知後同意（informed consent）」、「匿名性（anonymity）」與「保密性（confidentiality）」。

（一）告知後同意

社會科學的研究都有霍桑效應（Hawthorne effect）的擔憂，質性研究的觀察研究法有時會在被研究者不知情的情況下進行研究，以確保沒有「社會期待效應」的發生。但在多數的研究中，被研究者必須在自願的條件下參與研究，研究者有義務在施予研究之前就向研究對象說明研究目的與過程，並排除因權威造成的被迫參與。

（二）匿名性

匿名性指的是研究結果所呈現的資料無法回溯至特定被研究者。社會工作的研究議題常涉及個人隱私，研究者在研究進行一開始就必須設計良好的匿名措施。在研究過程中能清楚明白地向被研究者解釋，獲得被研究者的理解和信任，所取得的研究資料才具有真實性。在量化研究中的匿名性可透過大量資料沖刷掉被研究者的個人特性，調查研究中也可以在問卷上去除個人身分的資料以達到匿名效果；但質性研究的結果與分析需要呈現許多脈絡，被研究者個人的情境、特徵很容易在其中被暴露，研究者需要更費心將所蒐集的資料加以混合、重組，並避免任何被研究者在研究報告中被辨識出。

（三）保密性

保密性與匿名性的相近之處在於「不可辨識」，前者是指外界無法探悉某一特定對象所提供的資料；後者則是研究者無法從所蒐集到的資料判斷出提供此資料的個人身分。但在保密性的原則之下，研究者可以設計一套自己足以辨識被研究者的機制，使研究資料向外呈現時無法被研究者以外的人識別。這樣的好處是當研究者對於研究資料有疑慮或需進一步探究、澄清時，可以追蹤到原始提供資訊的被研究者，同時在研究分析時，研究者也可以將被研究者個人特質納入分析架構。

美國心理協會（American Psychological Association）主張以人為研究對象時，必須以兩項最高的指導原則為研究依循的準則：第一是研究目的必須對於研究對象有直接或間接的助益；第二則是研究的進行必須無條件地尊重研究對象的意願和尊嚴。無論是在社會工作實務或研究倫理中，當生命安全與法律責任等原則的重要性高過保密——例如明知被研究者身陷足以威脅生命的危險中，社會工作者有時仍須放棄保密而保護被研究者的人身安全，避免因為研究的進行或研究中發生的事件，對研究對象產生負面影響，或甚至帶給研究對象傷害。

倫理門檻

倫理——
福祉重於研究價值

各項原則在研究過程中有其特別需注意的階段，但任何研究倫理原則在各個階段都須受反覆檢視，以維護研究對象的權益。

研究前
→告知後同意
❶被研究者在自願下參與。
❷研究者在研究前說明目的與過程。

資料蒐集階段
→匿名性
❶量化研究中，透過大量資料或去除個人身分資料達匿名效果。
❷質性研究透過混合、重組，避免資訊曝光。

資料處理階段
→保密性
❶指外界無法探悉某一特定對象所提供的資料。
❷設計自己可識別被研究者資訊的機制。

被研究者——
研究裡的藏鏡人

第12章 社會工作管理

●●●●●●●●●●●●●●●●●●●●●●●●●● 章節體系架構 ▼

UNIT 12-1
管理（management）與行政（administration）

社會行政（social administration）指的是：

> 探討社會服務的發展、結構與實務運作，以及藉此開創、促進與維持社會服務方案。

其行政的內涵包含管理、領導、決策與組織建立四個部分，主要功能是建立社會服務的制度、規劃社會服務的政策、編列社會服務相關預算等；而行政管理工作的標的則包含科學管理、人事管理、財務管理、事務管理、文書管理以及資訊管理等層面。狹義的社會行政通常指的是政府社會服務的主管部門，然事實上所有的社會服務組織、機構，為達成組織宗旨、執行服務方案，都有行政的議題需要處理，都需要有專人從事社會行政的工作。

而社會服務管理（social services management）則是：

> 為促進與達成組織目標所設計的特定功能，由社會工作者在人群服務組織各個行政層面中執行。

簡言之，管理是一系列組織（organize）的活動，管理的目的是為了使組織（organization）內部的人員與資源有效運用，因此管理的標的包含組織的人力、財務、資訊等，以達到效率〔efficiency，把事情做對（doing things right）〕與效能〔effectiveness，做對的事（doing the right things）〕為目標。

因此管理的範疇大於行政，行政與管理在社會工作中經常混用，是因為社會工作者往往兩種角色都必須扮演。Hughes（2003）指出從「公共行政（public administration）」到「公共管理（public management）」的變革，意味的是行政遠比管理更多限制，所指涉的內涵較為狹隘，行政的本質多屬遵從指示，然管理卻包含任務的達成。

社會工作的前身慈善事業就已經與管理結緣，慈善會社組織（COS）即是社會工作管理的始祖。社會工作中的管理成分可分為五項：

❶ 組織內部資源管理：包含人力資源、財務預算與來源、資訊管理等。

❷ 組織內部科層管理：程序的設計、權責體制、文件管理等結構面。

❸ 組織外部資源管理：社會服務必須隨著社會議題發展，同時社會服務也有能力影響社會觀點，因此社會工作的管理也包含因應社會變遷，發展可被接受、可運作的組織目標。

❹ 組織外部契約管理：1980年代起民營化的風潮，不論是公部門社會行政或民間部門接受契約委託，社會服務契約化的趨勢已成為社會工作者都要面臨的新課題，因此管理委託契約，以及經營公私委託關係是社會工作管理責無旁貸的任務。

❺ 志願服務管理：志願服務是社會服務裡不可或缺的資源，因此志願服務人力管理、激勵與規範當然是社會工作者的任務之一。

社會行政

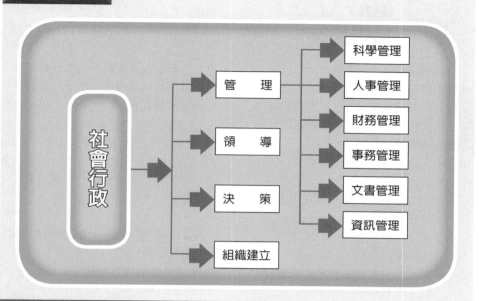

社會服務管理

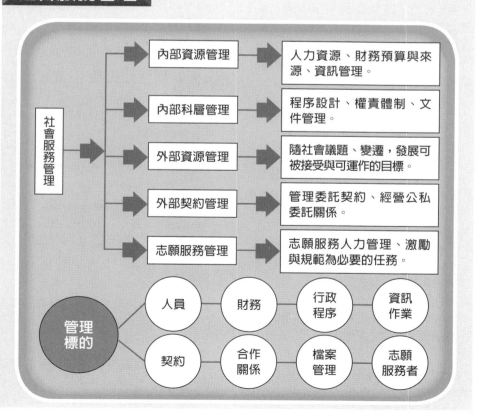

UNIT 12-2
管理理論

工業革命的時代，機械帶來的大量生產搭配鐵路暢通的運輸管道，各類生產組織的發展越來越蓬勃，大型組織紛紛出現，「管理」的必要和各種組織管理活動由此萌芽。

管理的理論主要有五個思潮：

（一）古典管理學派（classical management school）

為管理理論的先驅，工業革命後的20世紀初期就已出現，主張管理、規格化、權威統一的重要性，其基本論調是「人若是工作有效率，就會快樂」。

古典管理學派以理性的觀點分析個人與團體行為，將管理者視為一位擁有決策能力的理性、經濟的實用主義者；然古典管理學派忽略個別差異性，並且未考慮非理性的行為影響，使得理論的觀點難免過於僵化。

（二）人群關係學派（human relationship school）

在1930大蕭條（the Great Depression）的年代，管理理論關注的焦點開始轉移至人性的層面，不同於古典管理學派，人群關係學派主張「人若是快樂，工作就會有效率」。梅奧（Mayo）1924年的霍桑實驗（Hawthorne experiment）便是對缺乏人性考量的古典管理學派質疑的開始，發現人性與社會因素在工作效率、效能上的顯著影響，因此歸納管理者在組織管理上也必須妥善處理非正式關係。

（三）系統理論（system theory）

結合前述兩個學派觀點，主張管理者應該將整個組織視為一個有機體，其中的環節與脈絡都與其他部分息息相關。

儘管系統理論盡可能顧及組織管理的各個層面，但「有機（organic）」的論點卻被批評為流於「偽科學（pseudoscientific）」，因為企圖以簡單的概念解釋複雜的現實情境，難免過於簡化並捨棄細節與隱晦的成分。

（四）權變理論（contingency theory）

權變理論重視情境管理（situational management），因為情境的多變性，管理必然沒有唯一最佳途徑（no one best way）。管理者在情境或問題分析時，應該考量到潛在的變化，並將應變機制納入規劃。

（五）新管理主義（new managerialism）

古典管理學派重視組織本身，人群關係學派則將員工視為組織核心，系統理論全面性地關注組織各層面，權變理論則專注於組織面臨的情境變異。1990年代，新管理主義（或稱新公共管理，new public management）主張的3Es（經濟、效率、效能）挑戰了原始的管理權威，新管理主義的信條是：

管理、績效評鑑及效率，而非政策：公共科層轉為使用者付費的機構，運用準市場與契約外包扶植競爭。

至此，社會服務管理的角色擺脫權威，從案主（client）到消費者（customer），從順從（compliance）轉向承諾（commitment）。

管理理論

管理萌芽

❶機械生產、運輸暢通
❷組織發展蓬勃

古典管理學派──
效率帶來愉悅
的工作

組織

員工

人群關係學派──
快樂的人能夠有效
率地工作

組織情境
變異分析

組織有機
運作

權變理論──
管理者運籌帷幄的能力

系統理論──
視組織為一個有機體，
各部分息息相關

使用者導向

新管理主義──
主張3Es：
經濟（economy）
效率（efficiency）
效能（effectiveness）
⇒❶公共科層轉為使
用者付費的機構。❷
運用準市場與契約外
包扶植競爭。

UNIT 12-3
社會工作與人群服務組織

人群服務組織（Human service organization, HSO）指的是：以改變、形塑個人或群體行為，並確認與界定個人與社會地位為目的的組織，包含政府部門、非營利組織與營利組織，例如學校、醫院、社會福利機構等。

人群服務組織的功能包含個人層面與社會層面，除了滿足並促進個人福祉之外，人群服務組織也負擔社會化、社會控制與社會整合的任務。Hasenfeld（1982, 2010）認為人群服務組織最大的特點在於「未能解決的兩難（unsolvable dilemmas）」，也就是人群服務組織勢必面臨道德或倫理的交換，其每天所需處理的議題包括：

❶ 人群服務組織所決策的議題，經常是具有複雜道德結果的價值判斷，人群服務工作者因此經常地面臨社會道德或專業價值兩難的處境。

❷ 人群服務組織需要創造公共利益與服務對象個人利益兩方面雙贏的結果。然而服務對象若是弱勢者，則利益的界定經常受社會權力分配左右，從事人群服務的工作者則必須負擔代言人、倡議者的角色。

❸ 人群服務組織的工作成果是共產的（co-product），因此人群服務工作者與服務對象間是合作的夥伴關係，服務對象的主動性與參與會影響服務的效果。

❹ 人群服務組織的專業人員經常以女性居多，服務對象也以女性為多數，因此需特別敏感對待服務體系與結構裡充滿的性別議題。

❺ 人群服務是雙重忠誠（dual loyalties）的專業，既需對組織忠誠，亦需對專業價值忠誠。

❻ 因為人群服務組織所提供的「產品」是不可儲存的勞貨服務，故因地制宜的變異性特別重要。

❼ 人群服務組織受限於服務成果不可儲存也不可保留（「服務」只在與服務對象互動的剎那間存在），同時在有限的資源下，人群服務組織的成效經常很難明確地被評估／評價（evaluation）。

❽ 人群服務組織的核心目標需要社會環境賦予其「正統性（legitimacy）」，因此在權力合法化與財務資源上都高度依賴環境。

❾ 人群服務組織的財務管理不同於一般企業化組織，一方面因為依賴環境的支持，另一方面則是所提供服務的「無價（unpriced）附加價值」經常無法以成本、產出的對價方式衡量。

❿ 最後，人群服務組織的管理者需要專業認同與投入，才得以維持執行任務的動機。正向的工作滿意度是人群服務組織CEO（Chief Executive Officer）的工作動力。

而社會工作所服務的政府部門或非營利組織，都是屬於人群服務組織，社會工作專業本身的服務價值與型態也符合人群服務組織的特點，因此在社會工作者的慣常工作中，上述「未能解決的兩難」也是經常需面臨的議題。

組織類型

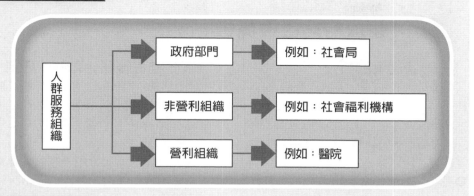

兩難議題

UNIT 12-4
管理的角色與責任

圖解社會工作

（一）管理者的責任

管理才能（management competencies）是執行管理的一套知識、技能與態度。具備管理才能的管理者必定了解並能掌握自身的任務，管理者需具備的責任包含10項：

❶ 建立組織的使命（mission）與目標（goals）。

❷ 分析組織整體結構與訂定系統化的執行方案。

❸ 創造理想的組織結構，以發揮最大效能和生產力。

❹ 設計每一個職務理想的工作結構。

❺ 設計引導員工工作動機的獎勵體系。

❻ 建立資料蒐集與報告的資訊系統，以確認資料的一致性、準確性。

❼ 管理預算與財務。

❽ 建立一套符合組織人力需求的選才計畫，並執行多元的徵選制度。

❾ 以員工需求為導向，建立合宜的督導、訓練機制。

❿ 依據組織目標、使命，規劃評鑑制度，建立績效的判準。

然而管理者在落實管理任務時（尤其是中階或基層管理者），經常是需要依據已訂定的組織政策執行，並無完整的自主空間，因此管理者在有限的角色與既定的任務執行時，經常必須面對來自組織、員工、服務對象和外部環境或支持者（stakeholders）之間價值、偏好歧異的兩難，尤其是社會福利機構的價值與利益衡量涉及權力、資源與專業倫理等複雜的判斷。

（二）社會服務／福利的任務

社會服務／福利組織的工作目標較難以具體的指標呈現或計價化，因此社會服務／福利組織的管理有不同於其他組織管理者的任務：

❶ 社會服務／福利管理者經常需做出倫理兩難的決策，並且須捍衛決策的價值。

❷ 社會服務／福利管理者需協調服務對象、支持者之間的期待，也就是在不違反弱勢一方（通常是服務對象）的原則下，於公共利益與個人利益之間取衡。

❸ 社會服務／福利管理者需為受烙印、歧視的弱勢群體倡導權益，以動員和爭取更多的資援。

❹ 社會服務／福利管理者需透過結合專業的團隊工作提供服務，因此組織間的合作關係是管理者重要的任務。

❺ 社會服務／福利管理者必須能夠闡明組織的價值與目標，激勵員工、支持者與志願服務者的投入。

❻ 基於責信與爭取資源，社會服務／福利管理者必須建立服務績效管控的制度，對服務對象與資源提供者負責。

❼ 社會服務／福利有時僅存在專業人員與服務對象之間，是相對私密的（private）服務產出，管理者必須建立組織的學習氣氛，在此氛圍之下鼓勵員工配合績效管控制度，提供服務現場的經驗與資料。

責信對象

特殊任務

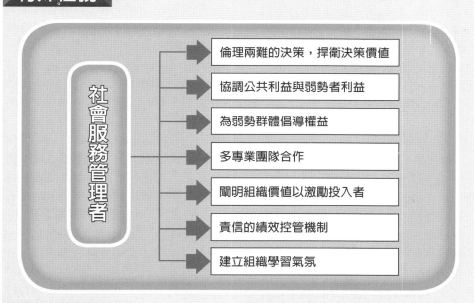

多元才能

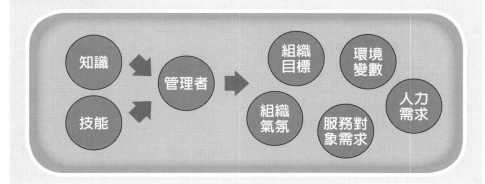

UNIT 12-5
規劃

圖解社會工作

（一）規劃定義

規劃（planning）是一個分析與選擇的過程，廣義的規劃包含所有配合環境變異的評估分析，藉此設定工作目標，擬定達成目標的方案。而與規劃經常並論的概念是計畫（plan）。

黃源協（2012）認為規劃對於管理者的重要性在於：❶提供組織與管理者指導，增進成功的機會。❷幫助管理者預估與適應環境的變遷。❸藉著規劃減少組織資源與能量不必要的浪費，促使組織成員重視整體的目標。❹藉著規劃串連組織內部各個系統，使組織發揮執行方案之外良好的功能。

（二）規劃類型

依據規劃的層級與標的，可分為9個類型：

❶ 使命（mission）：是一個組織存在概括性的說明，不因環境微小的變異修改，也讓服務方案在大原則的使命下有足夠的空間發展新型態。因此使命大多是抽象、理想的。

❷ 目標（goals）：是一個組織所有方案、活動需達成的標的說明，適用於各種層級的方案，因此是廣泛、較抽象的。

❸ 目的（objectives）：是把大目標轉換為可執行、可測量的細項，是較明確、具體的方案依據，並有執行時間的限制。

❹ 策略（strategies）：設定達成組織使命、目標的行動方案，策略可能是針對目前的問題，但也必須考量潛在的問題。

❺ 政策（policies）：組織內部用於疏通思想、決策和行為的說明或協定，是由組織內管理階層決定，有時也會以民主參與的方式訂定。政策即是一個組織的常態期待（normal expectation），但有彈性空間允許例外的存在。

❻ 規則（rules）：是組織內行動應遵守的法則，明確、具體並有強制性，限制自由裁量與自主判斷，是標準化的行為規範。一個組織越大或面臨的外在威脅越多，規則就會越鉅細靡遺。

❼ 程序（procedures）：依據政策建立的執行步驟，影響事件操作的流程，藉以達成特定的結果（outcome）。

❽ 方案（programs）：結合執行計畫所需的要素而訂定的整體系統，藉著方案的進行達成與促進組織的目標。組織內的各個方案必須相互支持與合作，避免重複或爭奪資源。

❾ 預算（budgets）：通常已法制化，並以貨幣的方式呈現，但預算不宜太過僵化或瑣碎，以避免無法因應突發的事件。預算與方案通常需同時呈現。

在規劃的性質上，則可分為策略性規劃、作業性規劃與權變規劃：

❶ 策略性規劃（strategic planning）

以長程、未來為導向，標的是大方向的組織目標。

❷ 作業性規劃（operational planning）

短期、功能導向，標的為日常業務。

❸ 權變規劃（contingency planning）

用於不可預期的組織內外環境，規劃需能因應環境的潛在變異。

規劃與計畫

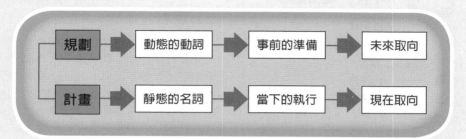

規劃	動態的動詞	事前的準備	未來取向
計畫	靜態的名詞	當下的執行	現在取向

規劃類型

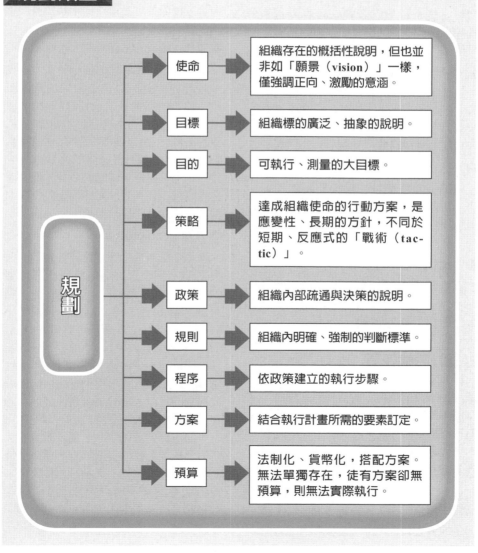

規劃		
	使命	組織存在的概括性說明，但也並非如「願景（vision）」一樣，僅強調正向、激勵的意涵。
	目標	組織標的廣泛、抽象的說明。
	目的	可執行、測量的大目標。
	策略	達成組織使命的行動方案，是應變性、長期的方針，不同於短期、反應式的「戰術（tactic）」。
	政策	組織內部疏通與決策的說明。
	規則	組織內明確、強制的判斷標準。
	程序	依政策建立的執行步驟。
	方案	結合執行計畫所需的要素訂定。
	預算	法制化、貨幣化，搭配方案。無法單獨存在，徒有方案卻無預算，則無法實際執行。

UNIT **12-6**
組織

圖解社會工作

（一）組織特點

組織（organization）是為共同目標而結合、合作的群體。而組織化的過程（organizing）則是為達到目標而將工作分類，賦予一套職務結構，指派權責予一位管理者，以實施並建立溝通系統。由此可知，組織應包含共同的目標、統一的領導者與一套溝通的系統。為實行組織的目標，組織的結構需具備下列特點（黃源協，2008）：

❶ 複雜化（complexity）

組織的分工越精細與權責層級越明確，就越能藉由水平分工的分化與垂直權責的分化而形成的組織結構，順暢運作組織並達成目標。

❷ 正式化（formalization）

組織需將組織目標融入明文的規則中，依靠這些正式的規則、程序教化與引導組織成員認同並進行組織的目標工作。

❸ 集權化（centralization）

組織裡從高至低的各個層級都會有一個統一權責的管理者，指導成員之外，尚且必須為執行的結果負責。

（二）組織技巧

社會服務組織的分化／分工，則可依據(1)方案；(2)功能；(3)過程／程序；(4)服務使用者；(5)產品／服務；(6)地區等6個原則，而管理者在組織的過程中可能運用的技巧為：

❶ 授權（delegation）

意指上層管理者將職權（authority）轉移予部屬，將工作與權力同時分派給適當的人去執行，讓被授權者有充分的

空間自主運作，有效達成目標。授權需要伴隨著監督與控制，並且授權者必須有包容犯錯的雅量，並有足夠的溝通技巧，準確地傳達應達成的任務；但管理者務必切記，授權是職權的轉移，非責任的轉移，授權的同時也必須承擔風險，當被授權者無法達成任務或造成失誤時，授權者也必須負擔錯誤授權的責任。

❷ 協調（co-ordination）

協調是將組織各部門活動整合並化為一致性的行動，以達成組織的共同目標。協調的目的在於(1)促成部門間分工合作、(2)調整各部門工作步調，以提升效率、(3)集合個別努力成為集體的工作成效、(4)透過協調達到減少人員、物資、財務與時間的浪費。而管理者的協調工作不限於組織內，組織間的協調也是提升工作品質的要素。

❸ 溝通（communication）

溝通是透過各種管道達成意義的傳遞與了解。管理者需藉由溝通影響部屬的意志、態度與能力。溝通經由「發訊者（sender）→訊息（message）→編碼（encoding）→溝通管道（channel）→訊息接收者（receiver）→解碼（decoding）→回饋（feedback）」的過程傳遞意義，達成提供資訊、接納彼此觀念的目標，同時也可經由溝通的過程，了解成員的感受與情緒。但溝通也有可能是無效或失敗的，發訊者或收訊者有意識或無意的過濾訊息、選擇性接納，與雙方之間差異的文化因素、來自溝通雙方或環境中的非語言干擾等等，都可能是溝通過程中的障礙。

組織特點

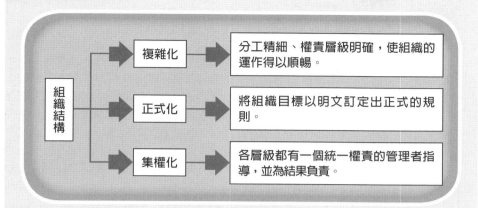

組織技巧

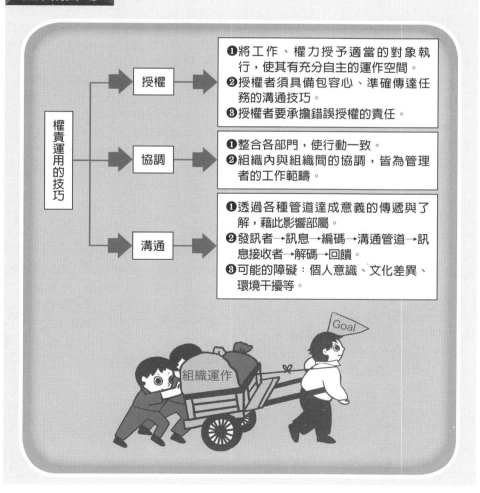

UNIT 12-7
人力資源管理

人群服務組織通常是勞力密集的行業，組織內「人」的因素高度影響組織整體表現，傳統人事管理（personnel management）所用的方式是管理者為唯一決策者，強調人事管理在作業／業務取向的功能，以組織本身為主，依規章行事，是問題解決的導向；而人力資源管理（human resource management）則是由組織各個層級共同規劃，是因應組織需求的策略取向，需以組織的成員組成為主軸，有彈性、有預期、有規劃地進行人力任用。

因此人力資源管理對於組織的意義：

❶ 對員工是激發潛能，增進歸屬感、參與及自我實現。

❷ 對組織本身是促進創新與凝聚，提升競爭力。

❸ 對服務對象則是提高服務品質。

有效的人力資源管理是組織運作的基石，優良的人力資源管理不僅將組織人力作恰當的配置，也配合組織發展目標培訓內部人力，並結合外部資源儲備潛在人力。組織的人力資源管理應包含4個功能：

❶ 晉用（staffing）

即是選才（getting them）的過程，選擇符合並能配合組織目標的員工，管理者必須先做工作分析（job analysis）── 有系統地將每個職務的工作內容、工作條件（需具備的能力）與工作脈絡（職務所處的環境）定義清楚，方能將所需的人力資源做清晰的規劃，進而招募與甄選適宜的人才。

❷ 培訓（training）

是育才（preparing them）的過程，協助員工學習新的技能，並改善其工作表現，將目前工作與員工個人長遠的工作目標結合，包含員工訓練與員工發展兩個部分，員工訓練是現實取向，可用職前、在職等方式進行；而員工發展是未來取向，管理者可透過擴展工作內容、輪調工作職務、團隊合作等方式達成。

❸ 績效考核（performance evaluation）

是留才（keeping them）的過程，管理者必須提供適合的工作環境與條件，讓員工的努力、工作成效，與其獲得的獎賞關聯，維持員工的工作表現與對組織的認同。而所謂的績效指的是員工的工作對組織整體的貢獻。考核績效的用意在於獎酬辛勞努力的員工、創造升遷與增加報酬的機會，並藉此作為訓練員工的依據。但管理者在進行績效考核時也必須留意是否有足夠的溝通管道，避免績效考核成為員工不滿意工作的因素。

❹ 報酬（reward）

激勵員工（stimulating them）的過程，個人可以透過內在對工作的滿足感與成就感維持工作熱忱，也可能因外在的工作福利、升遷機會激勵工作動機。而管理者所設計的報酬制度就應該以(1)吸引更佳品質的人力、(2)維持優秀的人才、(3)激勵所有員工的努力等三個方向為目的。

組織管理

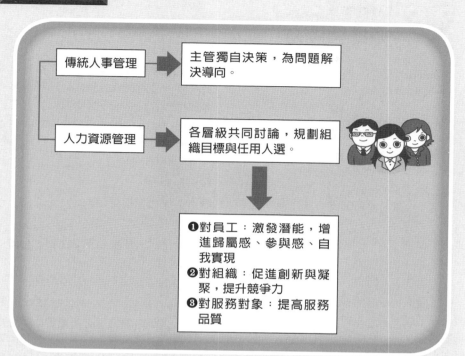

傳統人事管理 → 主管獨自決策，為問題解決導向。

人力資源管理 → 各層級共同討論，規劃組織目標與任用人選。

❶對員工：激發潛能，增進歸屬感、參與感、自我實現
❷對組織：促進創新與凝聚，提升競爭力
❸對服務對象：提高服務品質

功能

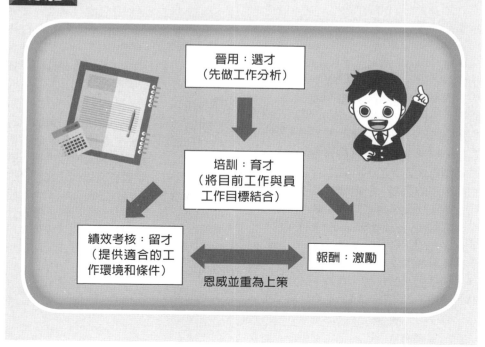

晉用：選才
（先做工作分析）

培訓：育才
（將目前工作與員工作目標結合）

績效考核：留才
（提供適合的工作環境和條件）

報酬：激勵

恩威並重為上策

UNIT 12-8
領導與團隊

Skidmore（1995）說明領導（leadership）是：

藉由溝通影響且形成員工行為的一種能力與過程，領導者能對群體發揮影響力，領導的目的則是引起他人符合其期待的思考與行動，以達成組織目標。領導具備雙重的意義，一則是一種地位，指領導者的職位；二則是一種能力，即影響與他人關係的才能與技巧。

領導關係裡存在著領導者、被領導者與組織情境三者的互動。而領導者需要具備溝通能力、影響力，與正當、被成員認可的權位。

在一個組織中，管理者通常是領導者，因管理者（manager）是「被組織指派，影響力來自職位被賦予的權力。管理者重效率，必須把事情做對（doing things right），在維持目前結構與體制下，以管理的知識與規劃技巧做對的事（doing the right things）」，管理者不僅要能在行政結構下穩定、運作組織團隊，也必須能影響團隊成員的意志與行為，擔任領導者的角色。

而領導者通常是「組織指派或團體中自然出現的領袖，對團體、組織的影響可超越正式職權的賦予。領導者在意的是做對的事（doing the right things），能夠挑戰現況尋求變遷的處境」。因此有時組織裡的管理者不必然能夠負擔領導者突破現況的任務，而某些具有領導特質與地位的領袖人物，也不一定具備正式管理者的職權。

對領導者而言，達成工作目標最重要的就是團隊成員的參與。團隊指的是成員間能夠互賴與承諾的結合，不僅重視團隊目標的達成，成員間彼此擁有忠誠的關係（loyalty）。成功的團隊必能分享使命、任務、經驗與成果。因而團隊具有5個特性：

❶ 共同興趣。

❷ 共同的價值與目標。

❸ 分工合作共同完成任務。

❹ 各個成員都各具不同的角色與任務。

❺ 成員間擁有承諾與忠誠。

團隊成員間除了有能力實現對團隊目標的承諾與忠誠，也必須對於成員間的需求有敏感度與包容接納，在這樣的團隊氛圍下容許成員各自發展創造力，對團隊的工作效能有正向的影響。

團隊的建立過程應包含「溝通→妥協（接納成員間歧異性，找到折衷的共識，使團隊具有變通性、敏銳度與改變的空間）→合作→協調（成員間能相互配合，減少摩擦）→完成工作目標」。

團隊（team）與團體（group）的差異則在於團體成員間的工作是可切割、獨立的，互賴與溝通的程度不如團隊成員間高，團體裡的服從性高於自主性，團體的工作效能是成員個別效能的加總，個別成員可能從事一樣的任務；團隊的工作效能卻來自於成員各自發揮不同的功能，整體的效能大於個別成員的加總。

管理者與領導者

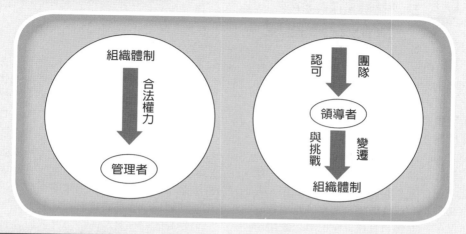

團隊與團體

	團隊	團體
目標	共同目標	工作獨立
互賴程度	高度相互依賴	個別行動
合作程度	相互支援、互補	獨自完成個別任務
溝通頻率	密切協調	多半獨自工作
溝通方式	公開的溝通管道	制式的溝通
參與規範	有明確的權益義務參與規範	服從
成員主動性	意願參與	被動聽命

團隊建立過程

UNIT 12-9
契約委託管理

1980年代以來新管理主義與新公共管理的思潮，已將社會服務引致民營化、契約委託的服務提供方式，國家角色從服務生產者（producer）轉化為購買服務的提供者（provider），契約管理（contract management）成為公私部門的社會福利工作者都會接觸的工作課題。在臺灣，社會行政亦長期處在人力增加趕不上社會需要及業務成長步伐的情況，社會福利服務生產供應只能轉由民間社會福利供應者執行，既可讓政府有效控制員額成長（或是在員額成長空間有限之下尋求出路），又可提供資源給民間非營利組織，公私合作滿足與日俱增的弱勢需求，可說是中央與地方、公部門與民間部門極具策略性的作為（劉淑瓊，2011）。

契約委託的類型包括有：(1)個案委託，受託單位接受政府部門安置個案；(2)方案委託，受託單位承接政府特定服務方案，政府未提供建物；(3)機構委託，便是公辦民營，政府部門所屬的機構委託與受託單位以政府名義提供服務。

社會服務走向民營化的委託契約關係，實因契約委託社會福利服務有3個理性的假設：

❶ 引進民間參與的社會服務可讓政府部門花費較少的成本，達成一樣或更高的效能。

❷ 民間單位不受限於行政體系與預算的框限，可提供更有彈性與創新的服務。

❸ 競爭的社會服務提供市場，可促進民間受託者的進步，增加服務的選擇性與提升服務品質。

但不可諱言的是，社會服務委託關係經常是政府釋出服務生產權，提供有限的資源，期待民間單位投入更多人力與資源，補足政府員額或預算的不足。但在社會服務市場競爭尚未成形，民間單位資源亦有限的條件下，服務提供角色的轉移未必能補充服務供給量，需審慎評估是否犧牲弱勢服務對象的權益，或只是轉嫁政府服務責任的替代方案。

對社會服務而言，適於委託的服務應有下列特質：

❶ 服務具體可明列委託項目，有助於委託方案的履約管理。

❷ 使用者或民眾可自為服務監督者，政府監督成本不高。

❸ 服務成果與績效有客觀具體的指標可測量，具有短期的（short-term）評量指標。

❹ 有市場的競爭機制，或政府有能力創造準市場的服務提供者，委託關係具有替代選擇

在這樣的條件下委託社會服務，委託關係才不至於落入政府部門為了監督與管理受託的民間單位，或防止受託單位因委託契約的自利行為，而投入更高的行政成本，產生「契約失靈」的狀況。但現行許多契約委託的服務項目實則考量政府部門能量不足的因素，勝過委託項目是否適於外包的評估，履約管理和品質監控在其中也就更加困難，但仍重要。

委託關係

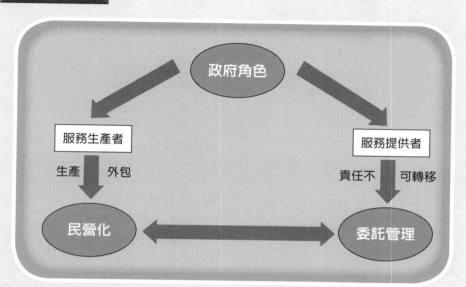

理性假設與應備特質

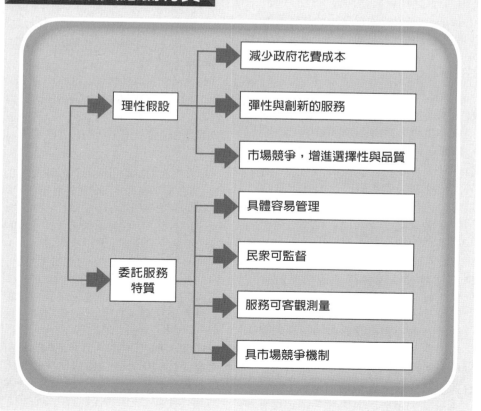

UNIT **12-10**
社會服務行銷

1985年美國行銷協會（American Marketing Association）定義行銷是：

規劃和執行理念、貨品和服務之構想、競爭、定價、推廣和分配的過程，以創造交換（exchange），以滿足個人和組織目標。

Lewis（1997）說明行銷的目的是「引起自願的交易，行銷的工作應包含規劃、執行與評估等企畫，目的在於鼓勵購買和提升消費者滿意度，經由大眾信賴的傳播管道，傳達符合消費者需要、期望、關心和利益的訊息與形象。」對社會服務而言，社會行銷（social marketing）經常用於政府部門或非營利組織，藉此推廣政策或公共服務，提升與倡導社會理念、引導社會行為模式。

社會服務行銷的對象包含：

❶ 領導階層：在非營利組織為董事會或理事會，政府部門則是單位主管或國家／地方領導者、決策者。

❷ 支薪人員：社會服務單位的人員是組織擁有最大的資源，因此不論是專業人員或是其他半專業人員、行政協助人員，在支持並理解組織服務本質的條件下，方能提供更有品質與效能的服務。

❸ 服務對象：社會行銷是理念的行銷，社會服務也必須在服務使用者可接受的條件下才得以順利推展，因此社會服務在評估服務對象的需求同時，也必須考量使用者可接受的方式設計服務。

❹ 志願工作者：志工是補充與支持社會服務的重要人力來源，穩定與有承諾的志工也是社會服務機構運作與倡導的得力助手。

❺ 傳播媒體：創造社會關注的議題是社會服務爭取資源的有力管道。

❻ 政府支援：無論是政府部門或是非營利組織的服務方案，公部門預算的支持都是重要的經費來源。

❼ 社區民眾：社區與社會認可是社會服務持續的支持力量。

然而非營利組織與社會服務行銷，經常面臨的行銷障礙來自於服務對象屬於弱勢群體，而資源的提供者往往又是政府部門、社會大眾，社會服務提供部門處於倡議服務對象權益與符合社會期待之間的兩難，但社會工作者不可摒棄的是，社會服務行銷是以使命為基礎（mission-based），而非市場導向（market-driven）。

另外，行銷與銷售（selling）的不同在於銷售重視創造與增加交易，因此銷售可能省略需求評估的過程，以產品包裝來吸引消費者，創造消費者的需求以提高銷售量。

社會服務的行銷不同於一般商業、企業行銷之處，在於社會服務使用者的特性並非取決於消費偏好，而是社會性、發展性的需求，因此社會服務行銷注重的「市場調查」事實上是「需求調查」；其次，社會服務通常涉及資格的認定，因此社會服務的行銷有特定的對象，如何打中正確的目標群體，並達到行銷的目的是社會工作者的重要功課；再者，社會服務的對象有時並非自願參與或無自主決定的能力，且行銷的對象可能需泛及關係人、社區居民與社會大眾，讓社會服務成為廣為了解的「產品」，增加社會服務提供的正當性。

行銷對象與特色

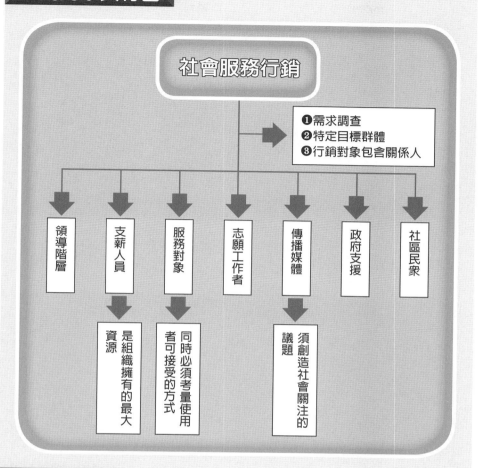

社會服務行銷

❶需求調查
❷特定目標群體
❸行銷對象包含關係人

領導階層

支薪人員 → 資源是組織擁有的最大

服務對象 → 同時必須考量使用者可接受的方式

志願工作者

傳播媒體 → 須創造社會關注的議題

政府支援

社區民眾

行銷責任

社會服務不盡然是服務對象、社會環境樂於接受的。社會服務行銷的責任還包含「說服」。

第12章 社會工作管理

第13章

福利服務與社會福利政策

 •••••••••••••••••••••••••• 章節體系架構 ▼

UNIT **13-1**
福利的範疇與功能

　　邱吉爾曾點慧地評論資本主義與社會主義：「資本主義原有的罪惡在於有福時不一定大家同享，社會主義原有的美德在於有苦時一定大家同當。」，在當代先進與發展中國家，資本主義儘管盛行，社會福利也如影隨形。正因為資本主義的本質重個人發展，忽略社會風險和社會排除帶來的不均，創造出富裕社會裡對比強烈的窮困處境，但資本主義又需要建立在安定社會情境的條件之下，使得福利成為資本主義國家政府的胡蘿蔔與棍棒，一方面平衡社會不均與反動的力量，另一方面也以福利服務鞏固國家統治權與經濟發展的根基。

（一）福利的範疇

　　檢視社會福利的定義與範疇，應該回到福利國家的本質，羅爾斯（Rawls）的正義理論中認定福利國家應該包含「❶每個人民享有相等的自由權利，❷社會與經濟制度的安排是為了帶給處於弱勢的人民最大利益」兩項原則；威林斯基（Wilensky）則更明確地說明福利國家應是：「政府保障每一個國民之最低所得、營養、健康、住宅、教育水平，對國民來說是一種政治權利，而非慈善。」因此福利國家中的社會福利所強調的是在分配上達到機會的平等（equality），也就是人民應各取所需；而比較不是功績式地讓人民各取所值所達成的結果公平／公正（fair）。

　　據此，如布里格（Briggs）的主張，福利國家以政府力量有計畫地修正市場自然運作的社會福利至少應包含三個面向：

❶ 最低所得保障。

❷ 減少社會不安全的範圍。

❸ 同意最佳水準的社會服務。

也就是以社會救助、社會津貼、社會保險與社會服務呈現的福利型態。

　　關於福利的範疇仍有許多爭議，但福利的意涵正如美國經濟學家蓋伯瑞斯（Gallbraith）所提：

　　政府很少被稱讚。處理經濟的公共部門被認為對人民獲得財富或收入沒有貢獻，反而是經濟的負擔。我們相信因為擁有汽車或化妝品顯得富裕，但卻花費太多錢在付出公共教育、食物券給資格不符的窮人。事實上公共服務不見得都不如私有物品與服務重要，乾淨的街道和乾淨的房子都是我們生活水準要求的一部分，而公共建設也如個人衛生一樣對我們維護生命有重要的影響。政府提供的學校與執法體系，以及充沛的娛樂、自我成長的機會相關的公共服務，亦擴大我們自由的程度。簡言之，集體決策對於公共事務而言仍是必要的特質。

　　因此福利是偏向集體主義的，所重視的仍應是社會整體而非個人利益，福利是透過以集體利益為標的的行動或計畫，達到社會整體最佳的結果。

本質與範疇

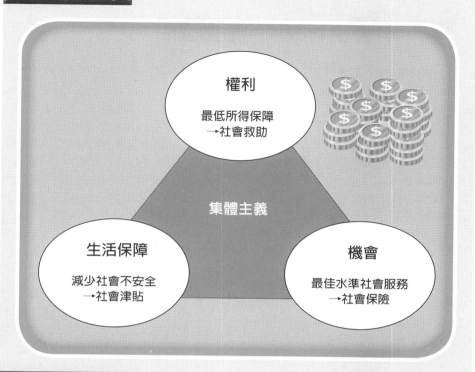

權利

最低所得保障
→社會救助

集體主義

生活保障

減少社會不安
→社會津貼

機會

最佳水準社會服務
→社會保險

福利安全網

最佳水準服務
降低社會風險
最低所得保障

❶偏向集體主義的，重視的
　應是社會整體
❷以集體利益為目標

UNIT **13-2**
社會福利政策的意識型態

第一章之中已簡要說明社會福利指的是「一種國家方案、給付與服務體系，協助人民滿足社會、經濟、教育與健康的需求，係維持社會的基礎。」，而社會福利政策必須與社會政策一起檢視，社會政策的範圍較廣泛，舉凡與人民生活品質相關的農業、經濟、健康、教育、環境、住宅與社會服務等，及其財務與制度的設計，都是社會政策的範疇；社會福利政策則是美國學者吉爾（Gil, 1992）所說的：「社會對待特定的社會需求或問題，如貧窮、兒童不當對待、低品質住宅等的回應」。因此福利政策的對象是經過篩選與評估的，所訴求的社會問題通常有特定範圍。

（一）社會福利的意識型態

福利政策的訂定是受意識型態影響，George與Wilding早於1979年將福利政策的意識型態分為從個人主義到集體主義光譜上的四個類別（反集體主義、半集體主義、費邊主義與馬克斯主義），是最簡易的福利意識型態分類方式。隨著福利國家的發展，福利示意型態的類別與分支越來越多，現今的福利意識型態大致可歸類為：

❶ 新右派（New Right）

根源於英國保守黨所主張的保守主義，與主張放任與絕對自由市場的新自由主義。1970年代以後保守主義與新自由主義兩者結合，成為傾向個人主義的福利意識型態代表，認為社會問題不可避免，小政府的角色應是制裁者，保護個人的自由。對於福利的作為是以父權式的國家角色照顧弱勢者。

❷ 社會民主主義（social liberalism）

接近George與Wilding分類中的費邊社會主義，受到歐洲社會民主政黨的影響，認為自由與競爭的資本主義很好，但必須承認自由市場有其限制與失靈的時候，需要被規範與控制，以維護個人的福祉，因此政府應有計畫地消除社會不公平。中間路線或稱第三條路（the Third way）的包容平等、市民社會與積極性福利（positive welfare）屬於此類別的福利意識型態。

❸ 馬克斯主義（Marxism）

位於福利意識型態左端，反資本主義，主張絕對的平等，認為自由市場帶來分配不均，國家集體利益優於私人利益，大政府應積極干預資源的分配，統籌與提供制度式福利，並負起管理市場的角色。

（二）福利政策的主張

個人取向與集體取向的福利意識型態在福利政策的面向上有不同的主張：

❶ 給付對象：個人主義主張給「最需要者」，讓資源發揮最大效用；集體主義則認為福利是公民權。

❷ 資源形式：個人主義以現金滿足差異的需求；集體主義則傾向實物給付，以達到政策設定的給付目標。

❸ 輸送方式：個人主義採區域自決；集體主義則由中央統籌並執行。

❹ 財務來源：個人主義主張地方自籌；集體主義則應由中央政府負責提供。

福利意識型態光譜

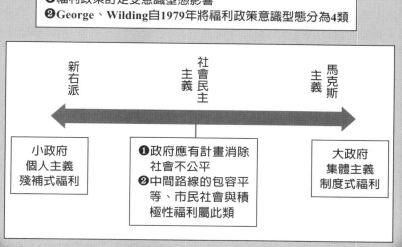

❶福利政策訂定受意識型態影響
❷George、Wilding自1979年將福利政策意識型態分為4類

新右派　　　　社會民主主義　　　　馬克斯主義

小政府
個人主義
殘補式福利

❶政府應有計畫消除社會不公平
❷中間路線的包容平等、市民社會與積極性福利屬此類

大政府
集體主義
制度式福利

政策主張

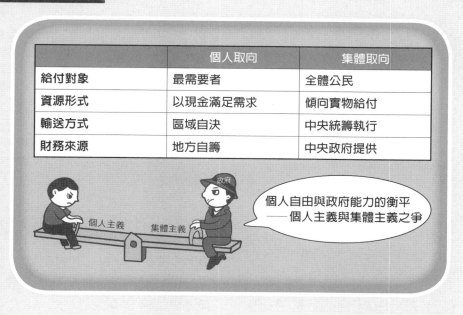

	個人取向	集體取向
給付對象	最需要者	全體公民
資源形式	以現金滿足需求	傾向實物給付
輸送方式	區域自決	中央統籌執行
財務來源	地方自籌	中央政府提供

個人主義　　集體主義　政府

個人自由與政府能力的衡平
──個人主義與集體主義之爭

UNIT 13-3
福利國家

福利國家的出現可以追溯自1883年德國俾斯麥實施的健康保險制度，工業革命帶來的經濟、社會變遷，使得社會風險成為每個人都會面對的議題，國家開始有責任提供安全生活的保障，福利國家由政府提供公共方案，避免人民陷入貧窮、疾病、意外與失業，或是當人民不幸落入這些風險之中時，國家仍有支持體系協助他們。這是公民權的擴大，也是資本主義社會下國家協助勞工階級對抗因資源分配不均產生的社會不正義。

Esping-Andersen（1990）說明福利國家藉由所得移轉、社會服務與住宅等狹義的福利措施，以及更廣泛的就業、經濟體等政治經濟制度，介入管理市場運作，因此以「福利國家體制（welfare state regime）」稱之更適切，而Esping-Andersen所指稱的三個福利資本主義世界則是目前據以分析福利國家的重要分類概念：

（一）自由福利國家（liberal welfare state）

提供有限度、資產調查的社會救助與社會保險等所得移轉方案，受益對象是低收入或是依賴者，主張工作倫理與傳統保守的福利意識，社會福利是有限且烙印的（stigma），國家鼓勵市場介入福利服務，社會福利低度去商品化（decommodification）。美國、加拿大與澳洲即為此類福利國家。

（二）歷史組合國家主義（historical corporatist-statist legacy）

具有保守性格的福利國家體制，維護家庭價值，主張保留社會地位間的差別，權力的享有不與公民權、社會權併論，而是與階級相關。國家代替市場成為福利提供者，但不重視再分配，福利的角色是邊緣的，只有當家庭無法提供時才介入，因此社會福利方案通常以鼓勵家庭價值的方式提供服務，例如育兒津貼，而非提供替代家庭照顧的服務（托育或到宅服務等）。歐陸各國多屬此類福利國家。

（三）社會民主體制（social democratic regime）

福利是高度去商品化的社會權擴充，破除勞工與中產階級的雙元性（藍領與白領的對立），福利給付的對象擴及所有國民，但享有不同的福利，是普及式的福利服務。強調社會團結甚於家庭價值，因此福利應當積極介入個人的社會處境，而非消極等待社會風險發生；而充分就業是社會民主體制的最大特色，因為福利權需與工作權融合，多數就業人口維持團結穩定的社會，少數人則藉由社會移轉的方式支持生活。

回到Briggs主張的福利國家所提供的福利三面向，福利國家的目標與其應達到的政策目的：

❶ 再分配——經濟安全

社會保險提供給所有人民，包含勞動階級、退休者與陷入風險的個人等。

❷ 社會保障的基礎——反貧窮

公共救助提供給貧窮者與弱勢群體。

❸ 基礎服務的品質

以公共干預為手段，確保教育、醫療、住宅與公認重要的社會服務品質。

分類概念

指標	自由福利國家	歷史組合國家主義	社會民主體制
去商品化	低	中	高
階層化	雙元階級	雙元階級	平等
給付者	家戶、市場	政府、家戶、市民社會	政府、市民社會
類型	美國、加拿大與澳洲	歐陸國家多屬此類	
特色	國家鼓勵市場介入	國家代替市場成為福利提供者	充分就業是最大特色

目標與目的

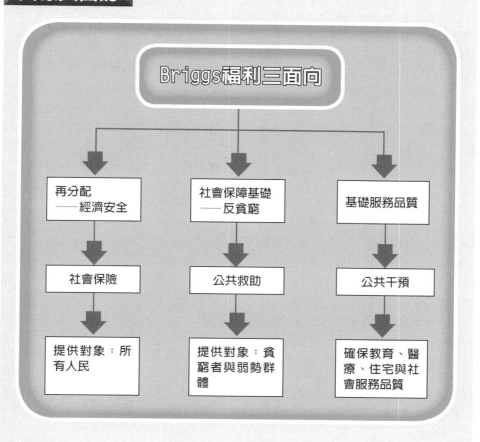

Briggs福利三面向

再分配——經濟安全	社會保障基礎——反貧窮	基礎服務品質
社會保險	公共救助	公共干預
提供對象：所有人民	提供對象：貧窮者與弱勢群體	確保教育、醫療、住宅與社會服務品質

UNIT 13-4
福利的配置——提供者與受益者

圖解社會工作

（一）提供者

Gilbert & Terrell（2004）將福利提供的部門分為六個：親屬、宗教、職場、市場、互助組織與政府，分別提供親屬照顧、心靈支持、職業服務、商業服務、志願／非營利服務與公共社會服務。Norman（1992）則是將家庭以外的福利提供者分為非正式部門（包含親族與社區）、志願部門、商業／營利部門與政府組織。若以經濟市場與社會市場的觀點區分福利提供者，經濟市場指的是營利與商業部門提供的私人購買服務；社會市場包含公部門與私部門，其中私部門包含非正式網絡、志願組織、非營利組織，以及與經濟市場重疊區塊的營利組織。

至於福利給付的對象是誰？傳統的觀點分為普及性與選擇性（或稱制度式與殘補式福利）：

❶普及性（制度式）

福利如同公民權利一樣，應為全民共享，福利給付的認定一是具備公民資格，二則是繳納固定額度的福利基金。普及性福利的優點在於賦予全體人民平等的權益，並且減少因篩選給付對象所衍生的行政成本；但普及式的福利財務負擔相對較重。

❷選擇性（殘補式）

一般透過資產調查認定福利給付對象的資格，福利資源投注在最需要的人口群，依據需求分配的福利可減少不必要的浪費；然不可否認的是，選擇性福利擇定經濟弱勢者為受益對象，福利給付與貧窮劃上等號，難以擺脫依賴者的汙名形象。

（二）受益者

而如何選擇福利受益的人口群？社會福利作為資源分配的需求評估光譜上有四類評估依據：

❶資產調查（means-tested need）

貧窮者為給付的對象，因此福利制度會訂出一套相對或絕對的貧窮指標，經過針對個人或家戶的資產盤點，核算出個人或家戶是否符合福利資格。這是殘補式的福利配置觀點。

❷診斷的差異（diagnostic differentiation）

由專業判斷個人因特殊診斷差異而有福利需求，例如身心障礙需要早期療育、就業輔導或無障礙空間等。

❸補償（compensation）

對於社會中有貢獻者，或是結構不良的受害者，提供維護其權益的福利。例如榮民與原住民。

❹屬性需求（attributed need）

社會上具備特殊人口特質的人即為福利訴求的對象，諸如兒童、婦女、老人、農民等，提供福利的基礎在於現存的社會制度或許未能滿足此類人口的需求，因此透過福利補充其應得的生活水平。例如全民健保、勞工保險或國民年金屬於此類，屬於制度式的福利供給。

而福利的配置可能不僅選擇其中一項評估依據，但評估的用意在於取得「資訊」，以判斷福利資源是否用於恰當之處，減少社會福利的潛在受益對象與實際受益人口間的落差。

提供者

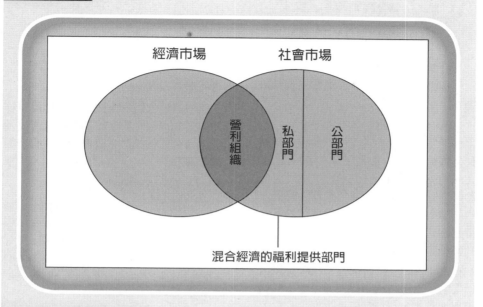

經濟市場　　社會市場

營利組織　私部門　公部門

混合經濟的福利提供部門

需求評估光譜

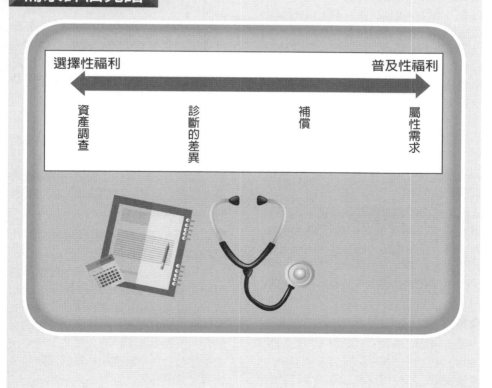

選擇性福利　　　　　　　　　　　普及性福利

資產調查　　診斷的差異　　補償　　屬性需求

第 13 章 福利服務與社會福利政策

UNIT 13-5
福利的供給

社會福利供給形式的分類，傳統上分為現金給付（in cash）與實物給付（in kind）。

傳統福利經濟學者多支持現金給付，因為提供現金讓受益者可以自由選擇福利兌換的方式，達到受益的最大效益（maximizing their utility）；但是現金給付的支持論點必須建立在理性經濟人的基礎上，受益者會選擇對自己最有效益的方式兌換福利，如此也才能達到福利給付的社會效益。

實物給付的支持者則認為政府可以透過集體、大量的服務提供與生產，降低福利的成本，並且精確地提供給受益者所需的服務，並確保其品質，藉此消除自由市場競爭不公平的弊端，也免除現金給付難以確定資源是否確實用於目標受益者身上的疑慮（例如育兒津貼是否確實用來養育幼兒？老人年金是否確實用於年長者生活所需？）不過，實物給付需要一個明智且有效率的政府部門，缺乏效率或與人民需求疏離的政府所提供的實物給付福利，會導致對標的需求無效、行政程序過長以致於不符合即時需求等結果，反而造成行政與實物資源的浪費。

然而現今的社會福利供給已不局限於現金或實物兩種形式，除了現金與實物，還包含多種給付的形式，更貼近福利受益者的需求，或是用更多元的方式免除福利受益者獲得生活基本所需的障礙：

❶ 機會（opportunities）

創造額外的機會，激勵與支持福利受益的對象，例如身心障礙者定額雇用的政策規範、原住民或身心障礙者特考的

保障。

❷ 服務（services）

跳脫市場機制，由政府直接提供服務給需要的人民，扮演服務生產者與提供者的角色。例如居家服務、托育服務與就業服務。

❸ 福利券（vouchers）

以美國的食物券（Food Stamp）為例，政府提供票券作為福利受益者兌換實物的依據，讓服務受益者既可獲得特定福利，亦可擁有消費者的選擇權，同時達到社會控制與使用者自決的雙重目的。

❹ 扣抵稅額（tax credits）

福利的形式既不直接提供現金，也不限定實物給付，而是以退稅的方式鼓勵符合福利資格的對象，並具有激勵福利受益者進入就業市場尋求自立的意涵。例如美國推行的工作所得退稅，藉此支持低所得勞工的家庭照顧支出。

❺ 權力（power）

政府賦予弱勢群體或特殊人口群參與決策的權力，影響與改變福利政策，達到資源重分配的目的。例如用保障國會中原住民、女性席位的方式，確保其參與公共政策的權益。

❻ 工具性供給（instrumental provision）

以社會干預發展服務方案，提供具體服務給福利受益者。政府設計補助政策，促進與協助民間服務單位，提供並發展特定社會服務，充實該項服務的提供量。例如委託辦理老人住宅、獎勵民間興建社會住宅或補助社區據點辦理失能者送餐服務等。

供給形式

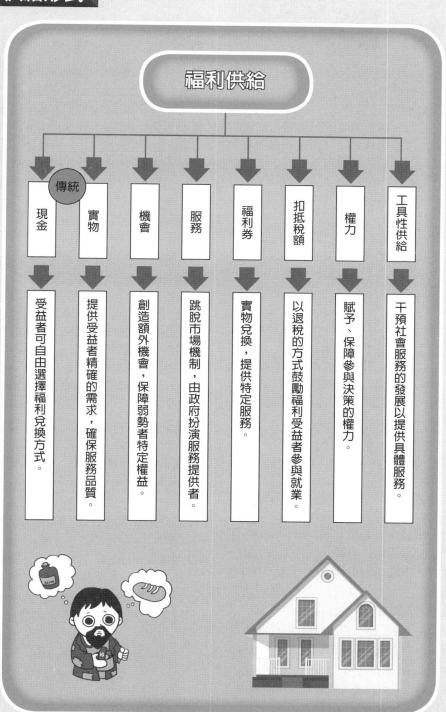

福利供給

(傳統) 現金	實物	機會	服務	福利券	扣抵稅額	權力	工具性供給
受益者可自由選擇福利兌換方式。	提供受益者精確的需求，確保服務品質。	創造額外機會，保障弱勢者特定權益。	跳脫市場機制，由政府扮演服務提供者。	實物兌換，提供特定服務。	以退稅的方式鼓勵福利受益者參與就業。	賦予、保障參與決策的權力。	干預社會服務的發展以提供具體服務。

第13章 福利服務與社會福利政策

UNIT 13-6
福利輸送

圖解社會工作

福利的輸送指的是，將福利的提供者與使用者有效連結的安排與組織的行為。輸送體系是為了規劃、執行與整合服務資源，將資源轉化為服務方案提供給福利受益者。而福利服務輸送最重要的議題則是「在地性」、「在地化」，因為福利應該在最接近使用者的地方提供，在經濟成本與使用效益上具備最大價值。

在討論福利服務輸送體系時應分為兩個層面，一是運作的系統，也就是福利資源的輸入（input）、轉化（transfer）與輸出（output）；第二則是福利服務的內涵，包括是否具備可近性、可及性、責信、整合性、可負擔性與品質。

針對福利服務輸送的批評，Gilbert與Terrell（2004）已提醒社會福利工作者四項應避免落入的無效福利輸送：

❶ 片段（fragmentation）

當服務方案或機構間沒有良好的協調，使用者在不同服務方案間的地點、服務目標上，可能被切割得零零碎碎或有重疊，則服務的提供就是片段不完整的。例如單親媽媽從托嬰中心到職業訓練所之間所耗費的車程過遠，職業訓練的期間亦無生活津貼或托育補助，則職業訓練的成效可能大打折扣。

❷ 不可及（inaccessibility）

使用者可能因為交通阻礙、心理因素、身體障礙、資訊不足等因素，無法實際獲得服務。例如社會服務機構的周遭沒有無障礙交通設施，身心障礙者因行動的限制無法接受服務。

❸ 不連續（discontinuity）

服務間若沒有適度的轉介與銜接，則使用者在服務轉銜或是結束時，則會面臨中斷或需求未被完整處理的情況。例如受安置的兒童成年後，機構缺乏獨立訓練或就業輔導的方案，繼續就學或準備就業的年輕人頓失社會支持，安置照顧的成果也可能功虧一簣。

❹ 無責信（unaccountability）

使用者如何進入服務體系，是否有明確的權責單位；或是在服務過程中需要協調或發生爭議時，使用者是否有足夠的支持來與服務單位之間溝通；以及在結束／轉銜服務時，服務單位如何定位與處理和使用者之間的關係。例如失能長者使用多種照顧服務，但整體的照顧計畫應由哪個單位作為窗口、哪一位專業人員擔任經紀人，卻無明確的依據或分工準則。

服務的提供若是不到位，則服務形同虛設，因此Gilbert與Terrell（2009）建議服務輸送應該以下列策略達成完整、連續、可及且有責信的服務提供：

❶ 協調整合溝通管道，減少片段與不連續的問題。

❷ 創造取得服務的方式，建立複製服務的管道，增加服務可及性。

❸ 建立服務使用者意見表達的機制，以使用者的回饋增加服務的責信。

輸送層面

福利服務
輸送體系

↓

❶福利提供者與使用者有效連
結的安排與組織行為。
❷最重要議題是「在地性」、
「在地化」。

↓ ↘

運作系統

福利資源的輸入、轉化
與輸出。

服務內涵

可近性、可及性、責
信、整合性、可負擔性
與品質。

無效輸送

服務使用前

❶不可及
❷無責信

→

服務中

❶片段
❷無責信

→

服務結束／
轉銜

❶不連續
❷無責信

↓

建議

❶協調整合溝通管道，減少片段、不連續。
❷創造服務取得方式，增加可及性。
❸建立使用者意見表達機制，增加責信。

UNIT 13-7
福利的財務來源與體制

社會福利財務的籌措受到福利意識型態與政治考量的影響，而有不同的財務收入與支出結構。

在財務來源方面，主要有稅收（taxes）、收費（fees，例如社會保險保費）與捐款（voluntary）。稅收來自於預設社會福利是全民的事務與權利，因此人民有義務繳稅支應社會福利支出，由政府統籌運用。由收費支出的社會福利，可能是提供營利市場中具商業價值的商品、服務，但應具有福利的價值與意義，或需要透過重分配以平衡市場機制，因此由政府購買或擔任提供者；而收費的福利服務也可能是由非營利組織所提供，使用者付費或部分付費。捐款來自於市民社會對社會福利的參與。當今的福利國家所運作的社會福利多是採用「福利混合經濟」，也就是合併使用多元的財務來源，社會主義的國家偏重福利重分配的功能，政府通常負擔較多責任，傾向以稅收支應的財務結構；自由主義的國家則重自由市場的價值，「私有化」、「民營化」的福利型態下，政府投注經費補助民間組織，但相對地也期待並吸引更多民間投入的財務來源，補充政府財務的不足。

因此Berger與Neuhaus用「致命的擁抱（fatal be-brace）」，描述並警惕所謂「福利混合經濟」下非營利組織的處境：

我們該如何保護非營利組織免受政府法令「致命的擁抱」？隨著政府經費提供給志願組織，舉凡責信、公平及管理，政府經費的原則都由政府訂定，畢竟那都是納稅人的錢。當這些非營利組織首次被政府發掘並給予經費補助，那原本與政府大相逕庭的蓬勃朝氣可能蕩然無存，反而成為換個名稱的政府機構。

財務支出的方面，主要考量在於「管理基金——政府責任與權力」以及「財務負擔者與使用者間的再分配——所得移轉」兩個層面。尤其是社會保險的制度，財務的設計攸關成效。

一般來講基金管理的方式分為隨收隨付制（Pay-as-you-go, PAYG）與提存準備制（Full-funding）。

❶ 隨收隨付制

是確定給付（defined benefit）的財務處理方式，通常以當代的工作人口為負擔者，提供福利使用者財務的支持，減少基金管理的成本，並確保福利使用者可獲得給付；但相對地隨收隨付制未能處理世代間不公平的問題，也無法審慎預測因應人口結構的變遷。

❷ 提存準備制

確定提撥（defined contribution）的財務處理方式，每一個世代的人口提撥福利基金，由政府管理運用，作為給付時的財源，這樣的財務結構需花費龐大的管理成本，且有幣值貶低的問題，需要政府管理基金的能力與責任；但免除世代不公平的爭議（相對地也缺乏世代間再分配的功能），也有強制儲蓄的效果。

部分的福利措施可能將兩者混用，重視福利迫切需求的服務（例如醫療保健）可能適合採用隨收隨付；需長期規劃並考量社會變遷因素的則必須採提存準備制度（例如國民年金、勞工退休金）。

財務來源

稅收

❶人民有義務繳稅支
　應社會福利支出
❷社會主義國家偏重
　政府責任

捐款

市民社會的參與

混合經濟的福利財務來源

收費

包含民間部門提供與
政府部分收費服務

體制

❶福利國家的社會福利採「福利混合
　經濟」
❷社會主義國家偏重福利重分配功能
❸自由主義國家重市場價值

基金管理方式

制度	特性	基金管理成本	適用	再分配	缺點
隨收隨付	確定給付	低	立即需求	世代間	世代不公平、無法因應變遷
提存準備	確定提撥	高	長期需求	同世代	幣值貶低、依賴政府管理能力

部分將兩者混用。
重福利迫切需求者採隨收隨付制度;
需長期規劃者採提存準備制度。

第 **14** 章

社會工作倫理守則

●●●●●●●●●●●●●●●●●●●●●●●●● 章節體系架構 ▼

UNIT **14 - 1**
社會工作倫理的演進

專業化至一定階段，必然會同步發展出專屬的倫理規範，作爲專業價值與服務品質的保證。《社會工作辭典》中將倫理（ethics）解釋爲：

一套判斷對與錯的道德標準與偏好，並對於個人、團體、專業及文化所實踐的行爲推演出一套哲理。

因此社會工作倫理（social work ethics）便是社會工作者實踐專業時依循的道德標準與偏好。助人的專業都無法免除在道德與價值上做判斷，即是所謂的規範性專業（normative profession）。Reamer（1999）將社會工作倫理的發展時期區分爲四個階段：

（一）道德時期

從城市慈善起家的社會工作專業，在發展的最初是以道德區別個案是否值得接受協助，所謂專業倫理所評量的標的，是針對服務對象，而非社會工作者本身。這是父權式的專業主義，社會工作者帶著慈善與上位者的角色執行社會工作服務。

（二）價值時期

20世紀初期社會工作專業的睦鄰運動，搭配進步時代（progressive era）的來臨，帶給美國各方面大幅的進步，社會工作專業對於服務對象的權益、窮人何以致貧，以及社會結構的因素等等，都開始有更多、更深入的關注，倫理的核心從道德判斷轉變爲價值的澄清。尊嚴、個人價值、自我決策、覺察力等概念普遍在社會工作者心

中萌芽，到了1940至1950年代，社會工作專業倫理儼然成爲社會工作研究探討的重要議題，相關知識已逐漸累積。1960年美國社會工作專業人員協會（NASW）發展出第一套社會工作倫理守則。

（三）倫理理論與抉擇時期

1970年代許多專業發展出應用性專業倫理，也就是具體地正視專業人員的行爲對於服務對象可能帶來身心上的影響，在醫學、護理、法律、工程等專業中，都審慎地反思專業對於服務對象所應負的責任，以及應對專業行爲設定的規範，以防止不當的專業行爲帶來傷害。這個時期社會工作倫理的議題開始偏重倫理兩難的抉擇，社會工作者思考倫理的角度跨越了「好的」與「對的」專業行爲，尚且還需思慮專業行爲中可能不慎或是錯誤的後果。

（四）倫理標準與風險管理時期

1980年代以後的社會工作專業朝著管理照顧（managed care）發展，管理對於社會工作者的意義層面不再限於社會行政，包括以服務對象爲核心的照顧資源與多專業服務管理。在管理的基礎上，社會工作者時而面臨個案資訊處理的議題，有時也必須在案主自決、專業人員判斷之間取衡，勢必要發展出一套倫理標準，給專業人員有所依循，同時也作爲對於服務對象的責信。

發展時期

19世紀 道德時期（the mo- rality period）

❶城市慈善起家。
❷以道德區分值得與不值得幫助的個案。
❸專業倫理評量是針對服務對象。
❹父權式的專業主義。

1900-1970 價值時期（the values period）

❶睦鄰運動與進步時代的思潮。
❷社會工作者始反思專業價值與服務介入的立場。
❸NASW發展出第一套社會工作倫理守則。

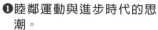

睦鄰運動——專業與個人價值的澄清

1970-1980 倫理理論與抉擇時期 （the ethical theory and decision making period）

❶社會工作開始參考其他專業的應用性倫理。
❷思考專業行為對服務對象的身心影響。
❸社會工作倫理議題開始偏重倫理兩難抉擇。

1980以後 倫理標準與風險管 理時期（the ethical standards and risk management pe- riod）

❶管理照顧的時代。
❷管理包括服務對象為核心的照顧資源與多專案服務管理。
❸資訊管理、案主自決與專業判斷等，都需要可依循的標準。

第14章 社會工作倫理守則

UNIT 14-2
倫理守則的內涵

圖解社會工作

專業之所以能獲得公眾認可，必須建立於擁有一套自我約束且受社會信任的倫理規範。倫理守則是社會工作者從事專業行為時依循的準則，以及服務使用者因專業服務使其權益受損時申訴的依據，因此社會工作倫理的核心應包含規範工作者行使的專業行為、專業工作的目標與專業關係的界定。以美國社會工作專業人員協會（NASW）1997年施行的社會工作倫理守則為例，社會工作首重六個專業的核心價值：❶服務、❷社會正義、❸個人尊嚴與價值、❹關係、❺廉正與❻能力。這份倫理守則提到社會工作倫理的重點主題應在於：「❶致力促進全體人類之福祉，並協助滿足其基本人性需求。❷為案主增強能力（client empowerment）。❸為弱勢、受壓迫者服務。❹關注社會情境中的個人福祉。❺促進社會正義與社會變遷。❻對文化、族群多元性抱持敏感。」

而該倫理守則的第二章，則敘明守則的目的是：

❶ 設立廣泛倫理原則，反映專業核心價值，建立一套倫理標準以指引專業實務。

❷ 協助社會工作者在專業職責衝突或倫理不確定時，指認相關倫理考量。

❸ 社會化新進社會工作者，使其了解社會工作使命、價值與倫理。

❹ 提出使大眾信任社會工作專業的倫理標準。

❺ 清楚表達專業用以判斷社會工作者是否涉及不倫理的行為標準。

美國社會工作專業人員協會（NASW）的倫理守則包含155條倫理標準，其中可分為三類議題。首先，是社會工作者可能犯的錯誤，例如在開始社會工作服務時，社會工作者遺忘或忽略服務對象知情同意的權利；其二則是困難的倫理抉擇，例如保密若危及服務對象的生命安全時，社會工作者應否堅持保密；最後是社會工作者不當的行為，例如藉著專業權威收受服務對象金錢或是其他利益。

另外，此份倫理守則中界定社會工作專業責任的對象包含對服務對象的責任、對同儕的責任（包含社會工作專業與跨專業合作團隊）、對實務組織／機構的責任、身為專業人員的責任——專業者的誠正（professional integrity）、對專業的責任以及對社會整體的責任。

小博士解說

專業與道德

專業人員為達成專業目標可否逾越普世道德的界線？倘若依據道德相對主義，道德標準用於社會的不同層面，以及不同的社會處境，可能遵循不同的守則，即道德並非普世皆準。但按照道德普遍主義，僅有一種有效的道德守則。

專業人員在尋求專業價值與目標時，不盡然能完全依循普世的道德標準，例如誠實。舉例來說，當醫生進行某項治療時，可能為了激勵病患意志而選擇不完全告知病情；然而，仍有些道德標準比起其他價值更優越，例如對生命的尊重。社會工作者在面臨服務對象或他人有生命安全之虞時，保密或隱私等等的原則應暫且放下。

核心價值

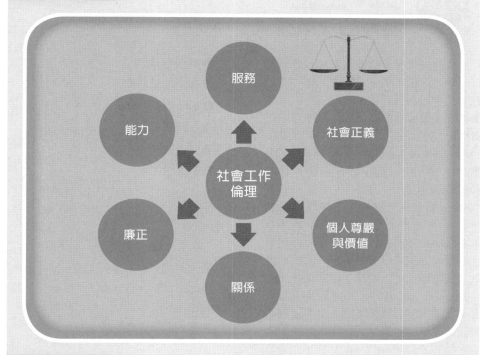

責任對象

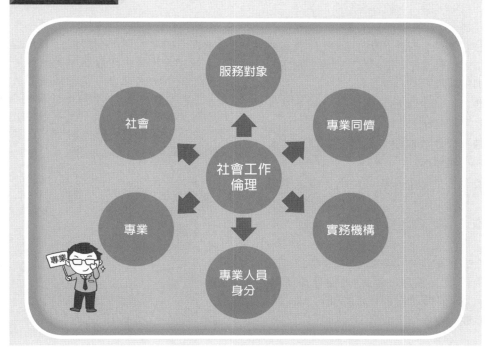

UNIT **14-3**
倫理的決策模式

倫理的規範涉及價值判斷，因此難免有模糊的範疇；再者，社會工作的價值常牽涉多方利害關係人，難以用單一標準劃定「最佳選擇」，因此倫理守則在實際的工作場域中有時較難作為決策的準則。Reamer針對倫理抉擇提供決策的模式，用來解決社會工作者必然面臨的兩難處境，他的決策模式借用Gewirth對於人類應擁有三類核心「善（goods）」的哲學基礎。其一是「基本善（basic goods）」，即維持人類福祉必須的先決條件，如生命、飲食、健康、住所等；其二則是「非減除善（no subtractive goods）」，意即避免陷入會減低個人能力與阻礙個人追求目標的環境，如貧窮、剝削與虐待；最後則是「累加善（additive goods）」，只提升個人能力與有助其追求目標的條件，諸如自尊、財富、教育與知識。

基本的善需優於其他兩類，是滿足人類基礎需求所需，因此社會工作者應該以此為戒，在面臨兩難時依優先順序做出倫理決策：

❶ 個人的基本福祉優於另一個人的自我決定權。

❷ 個人的自我決定權優於自身的基本福祉權。

❸ 個人的福祉權優於法律、規定與規則之上。

❹ 公共的善凌駕於法律、規定與規範。

今日社會工作者在實務中依循的倫理決策優先順序，其中的倫理哲學與Reamer的優先原則有其雷同：

❶ 生命安全原則

❷ 差別平等原則

❸ 自主自由原則

❹ 最小傷害原則

❺ 生活品質原則

❻ 保密原則

❼ 真誠原則

而Mattison對倫理決策下的註解正說明社會工作者倫理抉擇應抱持的態度：

在每天的實務工作中，倫理決策絕對不會是一個單一的行動，不是本質上單純邏輯或科學的工作。儘管理論和技術引導專業實務，我們也很清楚，對於某些社會工作層面的思考，必須超越科學。

倫理對於社會工作者而言可能是一套可依據的標準，但更多時候在多元價值、文化的社會工作實務中，倫理是取捨、是取衡，社會工作者必須考量的，不僅僅是服務對象與專業目標，尚有與倫理議題相關的人事，和其可能引發的後果，倫理的抉擇對於社會工作者從來就不是簡單的步驟與過程。

Reamer決策模式

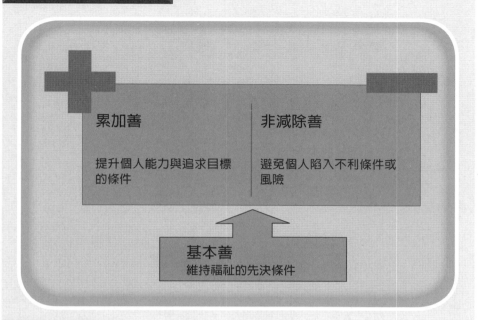

累加善

提升個人能力與追求目標
的條件

非減除善

避免個人陷入不利條件或
風險

基本善
維持福祉的先決條件

決策原則

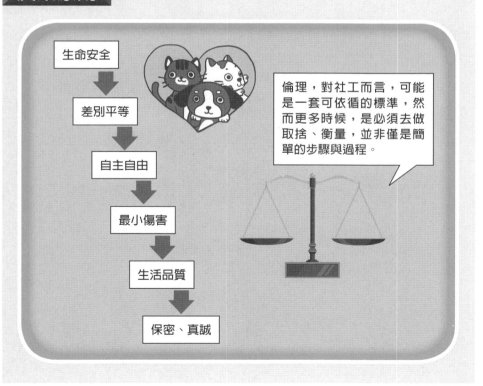

生命安全

↓

差別平等

↓

自主自由

↓

最小傷害

↓

生活品質

↓

保密、真誠

倫理，對社工而言，可能
是一套可依循的標準，然
而更多時候，是必須去做
取捨、衡量，並非僅是簡
單的步驟與過程。

第 15 章

充權與社會運動

UNIT **15-1** 人權、充權與社會正義

圖解社會工作

社會工作既然是人群服務的專業，注重的便是人的價值與權益。美國羅斯福（Roosevelt）總統稱人權是：

普遍的人權源於何處？其實在一些很小的地方，就在我們的附近，這些地方小到地圖上都找不到。那就是個人生活的世界：居住的鄰里、就讀的學校、工作的工廠或辦公室。這些是男人、女人、兒童，追求公平正義、公平機會、尊嚴、沒有歧視的地方。權利若在這些地方沒有意義，在任何地方就都沒有意義。

因此人權是一種生存條件，賦予個人自由的空間以發展及運用個別的特質，滿足自己與社會的需求。

人權的議題可分為三個階段，第一代的人權主張的是「民權與政治權（civil and political rights, CP）」，所指的是做為國家社會一員所應擁有的政治地位、參與公共事務的權利，也是對政府角色擴張的制衡，包含言論、宗教、集會的自由，以及反歧視、奴隸與虐待，並且具備合法訴訟、公平審判的權利。第二代的人權則是「社會與經濟權（social and economic rights, SE）」，要求人應享有的生活品質，包含滿足食、衣、住、醫療照顧、教育、社會安全等方面的社會服務。第三代人權是「集體或屬於人的權利（collective or "people" rights）」，這是有關全球或人類發展應關注的議題，例如環境保護、社會經濟發展、國際安全與人道救援等。

DuBois和Miley（2005）提醒社會工作者：

社會工作者是否已放棄投入政治與社會運動的重要地位？對於進步基變的社會正義議題，以及批判的社會工作都已模糊。社會工作似乎已經無法討論下列問題：社會工作傾向臨床或政策？社會工作關心微觀或鉅視？社會工作提倡慈善或正義？社會工作的使命是改變個人困難或革除公共問題？社會工作的介入方案是個別化或系統性的？社會工作的焦點是在地或是全球？

專業化的腳步讓社會工作者邁向「專家」的位置，但是正因為社會工作是以反抗社會不正義的目標而起家的專業，社會工作者不能捨棄與遺忘的是充權的專業本質，專業化的過程中仍然必須重拾與服務對象間「夥伴」的關係。DuBois和Miley（2005）將充權闡述為「一種積極、合作的專業關係」，且充權是「提供一種氛圍、資源、關係，與使用一系列的方法使人們獲得力量增進生活品質」。因此充權是透過在社會中占有一席之地的基本尊嚴，激發個人擁有的能力、增強參與和決策的能量，達成滿足並提升生存權、生活品質的目標。

充權的過程首先應找出權力的障礙，以訂定策略排除障礙。

充權的社會工作除了「夥伴關係」外，也首重「夥伴」的關係與「動員」的能力，藉此超越個人處境達成社會正義的鉅視目標。因此社會工作者對於以動員與集體行動為策略，藉此伸張與訴求社會正義的社會運動向來不陌生。

三代人權發展

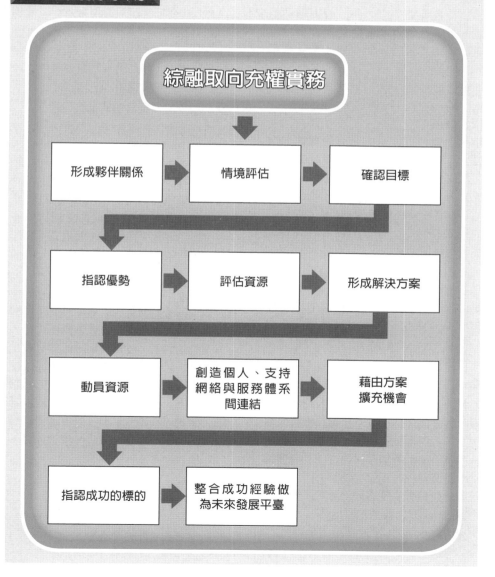

第一代
民權與政治權

第二代
社會權與經濟權

第三代
集體或屬於人的權利

充權實務原則

綜融取向充權實務

形成夥伴關係 → 情境評估 → 確認目標

指認優勢 → 評估資源 → 形成解決方案

動員資源 → 創造個人、支持網絡與服務體系間連結 → 藉由方案擴充機會

指認成功的標的 → 整合成功經驗做為未來發展平臺

UNIT 15-2
社會運動與社會工作

圖解社會工作

馬克斯（Max Weber）曾說社會運動對於一無所有的人而言「至多只是失去身上的枷鎖」，因此社會運動的行動多少含有「義無反顧」的意味，企圖反轉一些既定的社會現象；因此，社會運動難免帶給人動盪與不安的想像，但正因為社會運動帶來一些社會衝擊與恐懼，引發社會爭議的話題，才得以給處於不佳處境的人們改變的希望和契機。

社會運動抗爭的對象通常是國家機器（the state），國家機器指的是「在特定疆域領土之內，具有正當合法使用暴力及執行統治的一套複雜組織制度。」因為國家機器是運作與維持社會現況的主軸。而社會運動雖然是由一群人集結而成的共同行動，但不同於風尚（fads）或暴動（rebellion）等無組織的集體行為，社會運動必然要有規劃、有目標地進行。

何明修（2005）說明社會運動是：「一種持續性的集體挑戰，由一群彼此團結的人民所發動，共同目的在於改變現狀。」據此，社會運動具備「集體行動」、「共同目的」、「團結」及「持續」的內涵：

❶ 高度政治意涵

社會運動通常是邊緣化群體的政治手段，在體制內無法賦予其應有權利的情況下，採用挑戰體制的方式，打破受制於體制下被阻礙的發聲管道，並逼迫統治、菁英階級的妥協與讓步。因此社會運動絕對具有高度的政治意味，與利益團體、政黨的結盟和活動一般，都是匯集眾志以達成目的的一種手段。

❷ 工具性行動

承上，社會運動既具有政治意圖，亦是一種工具性的集體行動，它就必然要有一個明確、共識的目標，達成目標便可落幕。因此社會運用的訴求不應太過理想化或抽象，一是抽象的目標難以作為談判的條件，統治階級也沒有妥協的準則；其次則是容易落入無止盡、無標的的抗爭，模糊與失去社會運動的焦點，反落入非理性浪費社會資源與消耗群眾能量的負面形象。

❸ 亦可作為優勢群體的動員手段

基於政治性與工具性的特質，社會運動既然是弱勢群體的利器，也可能成為優勢群體的工具，用來抵制與壓抑改變的發生。因社會運動的基礎不在於「社會正義」，而是「團結」與「共識」。社會工作者必須意識到這一層面，以了解社會運動並非就是充權與社會正義的象徵，社會運動有絕對的價值偏好。

恩格斯（Friedrich Von Engels）曾說：「革命是歷史的火車頭。」是提醒社會工作者不可揚棄社會運動與社會改革的最佳警示，社會運動是超越社會自然演變，以有意識的人為介入來促成社會變遷的途徑，當社會工作者處於體制的框架下，發現無法為服務對象提供幫助，談判、集體行動與社會爭議議題倡導等抗爭手段，就是進步基變的社會工作選項。

社會運動內涵

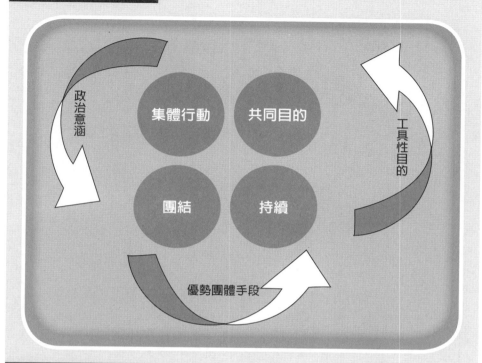

政治意涵

工具性目的

集體行動　共同目的

團結　持續

優勢團體手段

抗爭行動

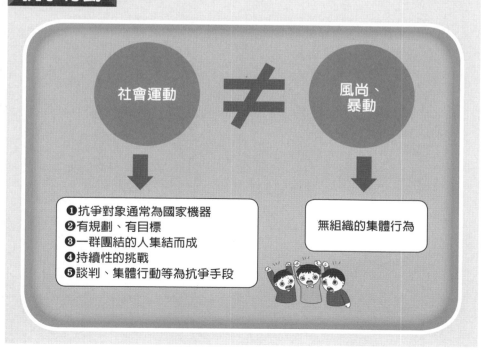

社會運動　≠　風尚、暴動

❶抗爭對象通常為國家機器
❷有規劃、有目標
❸一群團結的人集結而成
❹持續性的挑戰
❺談判、集體行動等為抗爭手段

無組織的集體行為

第16章 社會工作最佳實務

UNIT 16-1 實務的智慧

圖解社會工作

社會工作者經常面對實務與知識之間的鴻溝（gap），也是社會工作學術與實務領域孰輕孰重永遠的爭辯。事實上社會工作是一門重實作的專業，少了第一線的經驗反饋，社會工作知識不過流於空泛與不切實際；但實務領域的工作者又常囿於繁雜、緊張的工作環境，毫無心力靜思與記錄工作中的寶貴經驗。

知識（knowledge）與智慧（wisdom）的差異在於能否落實於日常生活所需，「實務智慧（practice wisdom）」就是社會工作中連結實務與知識最為重要的一環。實務智慧指的是「從長期的實作、探究與反思中萌生的專業智慧結晶（Humphrey, 2011）」，因而在實務智慧中實作與研究同等重要。Regehr等人（Regehr, C., Anstice, S., Bogo, M., Lim, A., & Donovan, K., 2012）認為，社會工作者的實務智慧應結合兩項能力：

❶ 後設的能力（meta competencies）

社會工作者在實務工作中自我覺察、洞察與頓悟的能力，藉此反思社會工作者本身對於社會正義的承諾與投入。

❷ 程序的能力（procedural competencies）

社會工作者必須負擔方案管理的責任，並且能夠設計、執行服務方案以達到預期的服務目標。

也就是具備實務智慧的社會工作者，須能在工作中轉換局內人與局外人的雙重角色。以局內人的角色熟習服務程序、方案中的各個環節，執行並管理服務過程和目標；另外也要有跳脫服務框架，站在局外人立場的能力，批判地反思服務的本質，進而轉化為自身的專業知能和價值。

但實務智慧經常面臨的挑戰也是來自於「當事人」與「旁觀者」的區別，實作的經驗僅有當事人明白，也依靠當事人的闡述、詮釋，轉化為實務的知識；因此作為旁觀者似乎難以挑戰當事人的經驗本質，以致於實務智慧難免被批評為，僅能對特定的服務使用者產生共鳴，或是特殊領域的實務工作者之間的相互慰藉，還無法稱得上是創造性、批判性的實務累積。

事實上，實務智慧關係的不僅是社會工作者（或應稱社會工作學習者）個人，還有工作中的關係人、服務對象以及專業本身。實務智慧不是工作中靈機一動的瞬間念頭，也並非社會工作者主觀、獨斷對工作現場的解釋；重要的是將「實務」的成果與經歷，透過思辨和統整而成的「智慧」，一個水到渠成的過程。社會工作者也許無法在一開始的實作經驗中就啟發、頓悟出一番大道理，但與知識互動、與服務對象交流的實作過程，是社會工作者獲得深邃洞察（insight）的基礎，Howe（1993；引自Humphrey, 2011）告訴社會工作者，「關係（relationship）確實是社會工作與鄰近專業的重要根基」，與服務對象、工作夥伴以及專業本身的良好關係，會引導社會工作者發展出對實務情境頂尖、敏銳的回應能力。

實務智慧

❶挑戰來自當事人和旁觀者
❷當事人憑闡述、詮釋，轉為知識
❸旁觀者必須有創造性、批判性實務累積

社會工作實作場域

社會工作者的反思、探究

透過思辯和統整而成智慧

社會工作實務智慧

後設能力

程序能力

❶在實務工作中自我覺察、洞察與頓悟
❷反思自身對社會正義的承諾與投入

❶負擔方案管理的責任
❷設計、執行服務方案以達預期目標

知識補充站

★習得無助感

值得提醒的一點，社會工作者都深知「習得無助感」是摧毀一個人發展能力的慢性毒藥，因此在工作中的主控感與尊嚴，是評估社會工作者是否仍有能力協助服務對象的重要依據；換言之，社會工作者除了在體制內的賣命演出以外，尚且需謹記體制外仍有發展的舞臺；當體制成為社會工作的束縛，便是社會工作者發揮打破體制框架的動員能力的時機。

UNIT 16-2
批判的社會工作最佳實務（Critical Best Practice, CBP）

對於社會工作者而言，「多元」始終是不可揚棄的價值，因此社會工作者必須具備能力，匯集服務對象、專業實務工作者個人、社會工作管理者與社會服務組織等多重的觀點與經驗，融會貫通為批判性、反思性知識系統和實務能力（practice capabilities），尚且稱得上是社會工作的「最佳實務（best practice）」。

批判社會工作 / 反思社會工作（critical social work）的基礎價值來自於批判理論（critical theory），簡言之便是「沒有理所當然（Take nothing for granted.）」的態度。Jones等人（2008）認為社會工作的最佳實務應具備的特徵及包含的內涵：

❶ 批判（critical）

社會工作者的批判性觀點並非一定要尖銳、「激進」。社會工作專業價值裡的批判性，實則應該有技巧地運用進步取向的途徑，以正向的方式操作專業的權力，並在工作過程中展現對服務對象的尊重與平等對待。

❷ 反歧視（anti-oppressive practice, AOP）

持著批判性的觀點，社會工作者所落實的便是反歧視的實務，避免不尊重、傷害性與不當的專業控制。在這一個層面，具體的作法就是關注社會工作中倫理的兩難，社會工作者的價值往往顯露在兩難處境中的選擇，專業價值賦予社會工作者的有時並非只是做出「好的」選擇，因為好與壞過於受主流文化的左右；而是以「對的」、「良善的」方式運用權力，避免失衡的專業霸權在其中傷害相對弱勢的服務對象。

❸ 優異的實務（excellence）

所謂「最佳實務」或是「優異實務」是需要一再辯證與粹鍊，社會工作者雖可能透過實務了解專業所不能為的層面，但更應了解專業的優勢與有所為、已達成的功效。而最佳實務通常不是一個既定的專業圖象，反之，則是服務現場的個人、專業工作者與其工作過程最適切的組合。

❹ 共創的實務（co-construct practice, voice of practitioner/ service user/ stakeholders）

社會工作者的工作成效必須受到服務對象、組織、其他利害關係人甚至社會價值的判斷、衡量與評估，因此社會工作之所以難為且需要與時俱進，就在於社會情境與社會期待一再改變，所謂的「最佳價值」就沒有定論的時刻。

社會工作者在實務工作中應自我提醒，重視實務依據的批判性最佳實務並不否認從文獻、控制情境的實驗中獲取知識的價值，亦並非教社會工作者不需要向（通常中立客觀的）研究累積的學識學習；批判性最佳實務的概念裡重要的是實務場域的發聲（voice），提醒社會工作者在工作場域中，嚴正看待實務情境與自己的工作技巧、知能的互動，從中領悟實務、服務對象帶給社會工作者的啟示。

特徵

社會工作者的
觀點——批判
❶有技巧運用進
　步取向途徑
❷對服務對象尊
　重與平等對待

社會工作者的
價值——反歧視
❶關注社會工作
　中倫理的兩難
❷以「對的」、
　「良善」方式
　運用權力

與服務對象「共
產」的實務
❶「最佳價值」沒
　有定論的時刻

最佳
實務

實作與辯證——
優異的實務
❶服務現場的個
　人、專業工作
　者與其工作過
　程最適切組合

價值

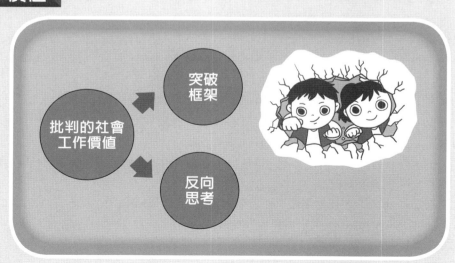

批判的社會
工作價值

突破
框架

反向
思考

包承恩、王永慈譯（2009）。社會工作價值與倫理。洪葉文化。（Reamer, F. G. 原著，Social Work Values and Ethics (3rd ed.)）

田秀蘭、彭孟堯譯（2011）。社會工作倫理。學富文化。（Guttman, D. 原著，Ethics in Social Work: A Context Caring）

江盈誼等譯（2000）。社工督導。學富文化。（Brown, A. & Bourne, I., 1996. The Social Work Supervisor: supervisor in community, day care, and residential settings. Open University Press.）

任凱、王佳煌譯（2005）。質性研究法：社會情境的觀察與分析。學富文化。（Lfland, J, & Lofland, L. H., 原著，Analyzing Social Settings: a guide to qualitative observation and analysis.）

何明修（2005）。社會運動概論。三民。

呂寶靜主編（2011）。社會工作與臺灣社會。巨流出版。

余漢儀（2005）。兒童虐待：現象檢視與問題反思。巨流圖書公司。

李聲吼（2007）。多元文化能力在社會工作實務上的運用。社區發展季刊，117，130-142。

林萬億（1994）。福利國家—歷史比較的分析。巨流圖書公司。

林萬億（2006）。臺灣的社會福利：歷史制度與分析。五南。

林萬億（2008）。團體工作—理論與技術。五南。

林萬億（2011）。當代社會工作—理論與方法。五南。

林萬億（2011）。學校社會工作。於呂寶靜主編《社會工作與臺灣社會》。

林萬億（2012）。社會福利。五南。

林萬億、趙善如、卓春英等合著（2011）。災難管理與社會工作實務。巨流圖書公司。

林勝義（2011）。社區工作。五南。

陳秋山譯（2008）。《社會工作督導－脈絡與概念》。心理。（Ming-sum Tsui原著）

陳毓文（2011）。少年福利服務。於呂寶靜主編《社會工作與臺灣社會》。

張秀玉（2004）。社會工作短期處遇理論之介紹。社區發展季刊，105，400-410。

黃源協（2008）。社會工作管理，2nd。雙葉書廊。

劉淑瓊（2011）。理想與現實：論臺灣社會服務契約委託的變遷及課題。社區發展季刊，133，462-478。

鄭凱芸譯（2012）。社會團體工作。雙葉書廊。（Zastrow, C., Social Work with Groups: A Comprehensive Worktext, 8th ed.）

謝秀芬（2006）。社會個案工作：理論與技巧。雙葉書廊。

蘇景輝（2009）。社區工作。巨流圖書公司。

Bartlett, F. C. (1958). *Analyzing Social Work Practice by Field*. NASW.

Barker, R., L. (1999). *The Social Work Dictionary*, 4th ed. NASW Press.

Beckett, C. (2006). *Essential Theory for Social Work Practice*. Sage.

Carr-Saunders (1955). "Metropolitan Conditions and Traditional Professional Relationships" in Robert Moore Fisher (ed.), *Metropolis in Modern Life*. Doubleday.

Castries, H. (2009). *Ageing and Long-Term Care: Key Challenges in Long-Term Care Coverage for Public and Private Systems*. The Geneva Papers, 34, 24-34.

Chang, C. F., & Mo, L. L. (2007). *Social Work Education in Taiwan: Toward Professionalism*. Social Work Education, 26:6, 583-594.

Drabek, T. E. (1999). *Understanding Disaster Warning Respones*. The Social Science Journal, 36:3, 515-523.

DuBois, B., & Miley, K. K. (2002). *Social Work: An empowering profession*, 4th ed., Boston: Allyn & Bacon.（張英陣、許雅惠、潘中道、陳玲萍合譯，2012。社會工作概論。雙葉書廊。）

Esping-Andersen, G. (1990). *The Three Worlds of Welfare Capitalism*. Princeton Univ Press.

Fischer, M. B. (1978). *Effective Casework Practice: An Eclectic Approach*. McGraw-Hill Book Co.

Farley, O. W., Smith, L. L., & Boyle, S. W. (2008). *Introduction to Social Work*, 9th ed. Person.（何金蘭、詹宜璋譯，2009。學富文化。）

Greenwood, E. (1957). *Attributes of a Profession*. Social Work, 45-55.

Gilert, N., Terrell, P. (2004). *Dimensions in Social Welfare Policy*, 7th. Addison-Wesley.（黃志忠、曾蕙瑜譯，2012。社會福利政策。雙葉書廊）。

Hasenfeld, Y. (1982). *Human Services Organizations*. Prentice-Hall, Inc.

Hasenfeld, Y. (2010). *Human Services as Complex Organizations*, 2nd. Sage.

Howe, D. (2009). *A Brief Introduction to Social Work Theory*. Ashgate.（陳香君等譯，2011。社會工作理論導論。五南。）

Humphrey, C. (2011). *Becoming a Social Worker*. London: Sage.

Jones, K., Cooper, B., & Ferguson, H. (2008). *Best Practice in Social Work: Critical Perspective*. NY: Palgrave Macmillan.

Kadushin, A. (1980). *Child Welfare Services*, 3rd. Macmillan Publishing Co.

Kadushin, A. (1992). *What's Wrong, What's Right with Social Work Supervision*. The Clinical Supervisor, 10:1, 3-19.

Lewis, R. C. (1997). *Cases in hospitality marketing and management*. John Wiley and Sons.

Miley, K. K., O'Melia, M., & Dubois, B. (2009). *Generalist Social Work Practice: An Empowering Approach*. Prentice Hall.

Norman, G. (1992). *Divisions of Welfare*. Sage.

Papell, C., & Rothman, B. (1966). *Social Group Work Models: Possession and Heritage*. Joournal of Education for Social Work, 2:2, 66-77.

Regehr, C., Anstice, S., Bogo, M., Lim, A., & Donovan, K. (2012). *Identifying Student Competencies in Macro Practice: Articulating the Pactice Wisdom of Field Instructors*. Journal of Social Work Education, 48:2, 307-319.

Row, J. W., & Kahn, R. L. (1997). *Successful Aging*. Gerontological Society of America, 37:4, 433-440.

Rubin, A., & Earl, R. (2006). *Research Methods for Social Work*. Lightning Source Inc. （張若平等譯，2008。社會工作研究法。五南。）

Skidmore, R. A. (1995). *Social Work Administration: Dynamic Management and Human Relationship*. Allyn & Bacon.

Specht,H. & Vickery, A. (1977). *Integrating Social Work Methods*. Allen & Unwin.

Wilensky (1964). *The Professionalization of Everyone?* The American Journal of Sociology, Lxx:2, 137-158.

Woodroofe (1962). *From Charity to Social Work: In England and the United States*. RKP.

國家圖書館出版品預行編目資料

圖解社會工作／沈詩涵著. -- 二版. -- 臺北
市：五南圖書出版股份有限公司，2024.01
　　面；　公分
　　ISBN 978-626-366-944-4（平裝）

1.CST: 社會工作

547　　　　　　　　　　　112022283

1JB1

圖解社會工作

作　　者 — 沈詩涵

繪　　者 — 廖育萱

發 行 人 — 楊榮川

總 經 理 — 楊士清

總 編 輯 — 楊秀麗

副總編輯 — 李貴年

責任編輯 — 李敏華、何富珊

出 版 者 — 五南圖書出版股份有限公司

地　　址：106台北市大安區和平東路二段339號4樓

電　　話：(02)2705-5066　　傳　　真：(02)2706-6100

網　　址：https://www.wunan.com.tw

電子郵件：wunan@wunan.com.tw

劃撥帳號：01068953

戶　　名：五南圖書出版股份有限公司

法律顧問　林勝安律師

出版日期　2017 年 8 月初版一刷（共二刷）
　　　　　2024 年 1 月二版一刷
　　　　　2024 年 5 月二版二刷

定　　價　新臺幣380元

經典永恆・名著常在

五十週年的獻禮——經典名著文庫

五南，五十年了，半個世紀，人生旅程的一大半，走過來了。
思索著，邁向百年的未來歷程，能為知識界、文化學術界作些什麼？
在速食文化的生態下，有什麼值得讓人雋永品味的？

歷代經典・當今名著，經過時間的洗禮，千錘百鍊，流傳至今，光芒耀人；
不僅使我們能領悟前人的智慧，同時也增深加廣我們思考的深度與視野。
我們決心投入巨資，有計畫的系統梳選，成立「經典名著文庫」，
希望收入古今中外思想性的、充滿睿智與獨見的經典、名著。
這是一項理想性的、永續性的巨大出版工程。
不在意讀者的眾寡，只考慮它的學術價值，力求完整展現先哲思想的軌跡；
為知識界開啟一片智慧之窗，營造一座百花綻放的世界文明公園，
任君遨遊、取菁吸蜜、嘉惠學子！